Rudolf Steiner Taschenbücher
aus dem Gesamtwerk

W0070420

Rudolf Steiner

Goethes Geistesart

in ihrer Offenbarung durch seinen Faust
und durch das Märchen
von der Schlange und der Lilie

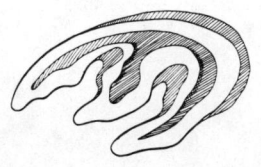

RUDOLF STEINER VERLAG
DORNACH/SCHWEIZ

Herausgegeben von der Rudolf Steiner-Nachlaßverwaltung

1. Auflage Berlin 1918

Ungekürzte Ausgabe nach dem gleichnamigen Band
der Rudolf Steiner Gesamtausgabe
(Bibliographie-Nr. 22, ISBN 3-7274-0220-2)
6. Auflage, Dornach 1979

Taschenbuchausgabe
1.–6. Tsd. Dornach 1989

Bestell-Nr. 6700

ISBN 3-7274-6700-2

INHALT

I

II

III

I

GOETHES FAUST
ALS BILD SEINER ESOTERISCHEN
WELTANSCHAUUNG

Diese Ausführungen sind 1902 geschrieben
und zuerst veröffentlicht worden

Es ist Goethes Überzeugung, daß der Mensch niemals in einer zusammenfassenden Vorstellungswelt die Rätsel des Daseins lösen könne. Er teilt diese Anschauung mit allen, die, nach gewissen Prüfungen ihres Innenlebens, sich bis zu einem Einblick in das Wesen der Erkenntnis durchgerungen haben. Diese können nicht, gleich gewissen Philosophen, von einer Beschränktheit des menschlichen Erkennens sprechen. Sie sehen ein, daß das menschliche Weisheitsstreben nirgends eine Grenze hat, daß es vielmehr ins Unendliche zu erweitern ist. Aber sie wissen, daß die Tiefen der Welt unerreichbar sind. In jedem Geheimnis, das sich ihnen enthüllt, liegt der Quell zu neuen Geheimnissen, in der Lösung eines Rätsels liegt ein neues verborgen. Doch wissen sie auch, daß dieses neue wieder für sie lösbar sein wird, wenn sich ihre Seele zu der entsprechenden Entwicklungsstufe erhoben hat. Obwohl sie so überzeugt sind, daß es für den Menschen keine unlöslichen Weltgeheimnisse gibt, wollen sie doch niemals in einer abgeschlossenen Erkenntnis sich befriedigen, sondern nur gewisse Aussichtspunkte im Seelenleben erklimmen, in denen sich die in der Ferne sich verlierenden Perspektiven der Erkenntnis eröffnen.

Wie mit der Erkenntnis im allgemeinen geht es mit derjenigen, welche wir aus den wahrhaft großen Werken des Geisteslebens gewinnen. Sie gehen aus einer Tiefe des Seelenlebens hervor, deren Grund unerreichbar ist. Man darf sogar sagen, daß nur diejenigen geistigen Schöpfungen zu den wahrhaft bedeutenden gehören, denen gegenüber man ein solches Gefühl in einem immer stärkeren Grade erhält, je öfter man zu ihnen zurückkehrt. Vorausgesetzt ist dabei allerdings, daß man immer, wenn man zurückkehrt, selbst vorher eine Weiterentwicklung seines Seelenlebens durchgemacht hat. Es scheint, daß jeder, der mit dieser Gesinnung den Goetheschen Faust ansieht, von ihm eine solche Empfindung gewinnen muß.

Wer dazu noch bedenkt, daß Goethe dieses Werk als junger Mann begonnen und kurz vor seinem Tode vollendet hat, der wird sich hüten, über dasselbe einen erschöpfenden Gedanken zu hegen. Der Dichter ist in seinem langen und reichen Leben von Entwicklungsstufe zu Entwicklungsstufe fortgeschritten, und er hat seine Faustschöpfung in vollem Maße an dieser Fortentwicklung teilnehmen lassen. Einmal wurde er gefragt, ob denn der Abschluß seines Faust so wäre, daß er den Worten des im Jahre 1797 geschriebenen «Prolog im Himmel» entspreche: «Ein guter Mensch in seinem dunklen Drange, ist sich des rechten Weges wohl bewußt.» Er antwortete, das wäre ja «Aufklärung», Faust aber endige im höchsten Alter, und da werde man Mystiker. Gewiß: der junge Goethe konnte sich nicht bewußt sein, daß er im Laufe seines Lebens zu der Anschauung erhoben werde, für die er am Schlusse des Faust im «Chorus mysticus» die Worte fand: «Alles Vergängliche ist nur ein Gleichnis.» An seinem Lebensende hatte sich ihm in anderer Weise geoffenbart, was im Dasein ewig ist, als er 1797 ahnen konnte, da er Gott zu den Erzengeln, mit Hindeutung auf dieses Ewige, sprechen läßt: «Und was in schwankender Erscheinung schwebt, befestiget mit dauernden Gedanken.»

Goethe war sich klar, daß sich ihm seine Wahrheit stufenweise enthüllt hat. Er wollte seinen Faust aus diesem Gesichtspunkte beurteilt haben. Am 6. Dezember 1829 sagte er zu Eckermann: «Wenn man alt ist, denkt man über die weltlichen Dinge anders, als da man jung war ... Es geht mir damit wie einem, der in seiner Jugend sehr viel kleines Silber- und Kupfergeld hat, das er während dem Lauf seines Lebens immer bedeutender einwechselt, so daß er zuletzt seinen Jugendbesitz in reinen Goldstücken vor sich sieht.»

Warum dachte Goethe in seinem Alter über die «weltlichen Dinge» anders als in seiner Jugend? Weil er im Laufe des Lebens immer höhere Aussichtspunkte des Seelenlebens erstiegen hat, in denen sich ihm immer neue Perspektiven der Wahrheit geoffenbart haben. Wer seiner inneren Entwicklung folgt, der allein kann hoffen, die im hohen Alter von ihm geschriebenen Teile des Faust in der rechten Weise zu lesen. Für den erschließen sich aber auch immer neue Tiefen dieses Weltgedichtes. Er dringt vor zu einer esoterischen Deutung der Vorgänge und Gestalten. Alles gewinnt neben der äußeren noch eine innere, geistige Bedeutung. Wer solches nicht vermag, der wird, je nach seiner persönlichen, künstlerischen Auffassung, den zweiten Teil des Faust, wie der bedeutende Ästhetiker Vischer, ein zusammengeschustertes Machwerk des Alters nennen; oder er wird sich an der reichen Bilder- und Märchenwelt erfreuen, die Goethes Phantasie entströmt ist.

Wer von einer esoterischen Deutung des Goetheschen Faust spricht, wird naturgemäß alle die zum Widerspruch reizen, die verlangen, daß ein «Kunstwerk rein künstlerisch» erfaßt und genossen werden müsse. Sie werden mit dem Vorwurfe bei der Hand sein, daß es unstatthaft sei, lebensvolle Gestalten der künstlerischen Phantasie in stroherne Allegorien zu verwandeln. Wenn solche Leute nur sich darüber klar wären, daß sie nichts weiter behaupten, als was man von einem höheren Gesichtspunkte aus eine «Zigeunerwahrheit» nennt. Sie glauben, weil für sie der geistige Gehalt strohern ist, muß er es für alle sein. Nein, es gibt welche, die dort, wo ihr strohere Allegorien seht, ein höheres Leben atmen, denen ein tiefer Geist erquillt, wo ihr nur Worte hört. Es ist zunächst schwer, sich mit euch zu verständigen, wenn ihr nicht den «guten Willen» habt, uns ins «Geisterreich» zu folgen. Wir haben ja nur dieselben Worte, die ihr auch habt. Und wir können niemand zwingen, das ganz andere, das wir bei den Worten empfinden, mitzuempfinden. Wir bekämpfen euch nicht. Wir geben alles zu, was ihr sagt. Auch uns ist Faust zunächst Kunstwerk, Phantasieschöpfung. Wir rechneten es uns als einen Mangel an, wenn wir diesen künstlerischen Wert nicht empfinden könnten. Aber glaubet nur nicht, daß wir keine Sinne haben für die Schönheit der Lilie, weil wir zu dem Geist aufsteigen, den sie uns offenbart; glaubet nicht, daß wir ohne Auge sind für das Bild, das «im höheren Sinne» für uns, wie «alles Vergängliche», nur ein «Gleichnis» ist.

Wir halten es mit Goethe. Er sagte am 25. Januar 1827 zu Eckermann: «Aber doch ist alles (im Faust) sinnlich und wird, auf dem Theater gedacht, jedem gut in die Augen fallen. Und mehr habe ich nicht gewollt. Wenn es nur so ist, daß die Menge der Zuschauer Freude an der *Erscheinung* hat; dem Eingeweihten wird zugleich der höhere Sinn nicht entgehen.»

Wer Goethe wirklich verstehen will, der darf sich von solcher Einweihung nicht fernehalten. Man kann genau den

Punkt in Goethes Leben angeben, wo ihm der Sinn dafür aufging, daß «alles Vergängliche nur ein Gleichnis ist». Es war, als ihm vor den antiken Kunstwerken der Gedanke durch die Seele zog: «So viel ist gewiß, die alten Künstler haben ebenso große Kenntnis der Natur und einen ebenso sicheren Begriff von dem, was sich vorstellen läßt und wie es vorgestellt werden muß, gehabt als Homer. Leider ist die Anzahl der Kunstwerke der ersten Klasse gar zu klein. Wenn man aber auch diese sieht, so hat man nichts zu wünschen, als sie recht zu erkennen und dann in Frieden hinzufahren. Die hohen Kunstwerke sind zugleich als die höchsten Naturwerke von Menschen nach wahren und natürlichen Gesetzen hervorgebracht worden. Alles Willkürliche, Eingebildete fällt zusammen: da ist die Notwendigkeit, da ist *Gott*.» Es ist unter dem 6. September 1787, da Goethe im Tagebuch seiner «Italienischen Reise» diesen Gedanken aufzeichnet.

Man kann auch auf anderen Wegen zu dem «Geiste der Dinge» dringen. Goethes Natur ist eine künstlerische. Daher muß sich ihm in der Kunst dieser Geist erschließen. Man kann nachweisen, daß auch seine großen, wissenschaftlichen Erkenntnisse, durch die er die naturwissenschaftlichen Einsichten des neunzehnten Jahrhunderts vorher verkündigt hat, aus seinem Künstlergeiste heraus geboren sind. * Eine andere Persönlichkeit wird durch eine religiöse, eine dritte durch eine philosophische Entwicklung zu einer gleichen Perspektive der Erkenntnis und Wahrheit kommen.

Man darf in Goethes Faust das Bild einer inneren Seelenentwicklung suchen. Im besonderen ein solches, wie es eine

* Vergleiche mein Buch «Goethes Weltanschauung».

künstlerische Persönlichkeit zur Darstellung bringen muß. Er war durch seine Geistesanlage dazu vorherbestimmt, in die Tiefen der Natur selbst zu schauen. Man sehe, wie der Knabe schon für sich einen tiefempfundenen Naturdienst als Ergebnis seines Glaubensbekenntnisses ausbildet. Er schildert uns das in «Wahrheit und Dichtung». «Der Gott, der mit der Natur in unmittelbarer Verbindung stehe, sie als sein Werk anerkenne und liebe, dieser schien ihm der eigentliche Gott, der ja wohl auch mit dem Menschen wie mit allem übrigen in ein genaueres Verhältnis treten könne, und für denselben ebenso wie für die Bewegung der Sterne, für Tages- und Jahreszeiten, für Pflanzen und Tiere Sorge tragen werde.» Er nimmt aus der Naturaliensammlung seines Vaters die besten Mineralien und Gesteine und legt sie in regelmäßiger Ordnung auf ein Musikpult. Das ist der Altar, auf dem er dem Naturgotte sein Opfer darbringen will. Zu oberst legt er Räucherkerzchen, und diese entzündet er mit Hilfe eines Brennglases durch die aufgefangenen Strahlen der aufgehenden Morgensonne. So hat er ein heiliges Feuer durch das Wesen der natürlich-göttlichen Kräfte selbst entzündet. Sieht man darin nicht den Anfang zu einer inneren Seelenentwicklung, die, um im Sinne der indischen Theosophie zu sprechen, in der Mitte der Sonne das Licht und in der Mitte des Lichtes die Wahrheit sucht. Wer Goethes Leben verfolgt, der kann diesen «Pfad» schauen, auf dem er durch Zwischenstufen hindurch die «tiefere Bewußtseinsschichte» gesucht hat, durch die sich ihm dann die ewige «Notwendigkeit, Gott» enthüllt hat. Er erzählt uns in «Wahrheit und Dichtung», wie er sich in allen möglichen Wissensgebieten herumgetrieben hat, um einmal in alchimistischen Versuchen zu suchen, ob ihm «durch Geistes

Kraft und Mund nicht manch Geheimnis würde kund». Später hat er in den Werken der Natur die ewigen Gesetzmäßigkeiten gesucht und in seiner «Urpflanze» und im «Urtier» gefunden, was der Geist der Natur zum Menschengeiste spricht, wenn die Seele sich, in seinem Sinne, zu einer «der Idee gemäßen» Denk- und Vorstellungsweise durchgerungen hat. Zwischen beide Wendepunkte seines Seelenlebens fällt die Abfassung des Teiles vom Faust, in dem er diesen, nach Verzweiflung an allem äußerlichen Wissen, den «Erdgeist» beschwören läßt. Das ewige, wahrheitträchtige Licht selbst spricht aus den Worten dieses «Erdgeist»:

> In Lebensfluten, im Tatensturm
> Wall' ich auf und ab,
> Webe hin und her!
> Geburt und Grab,
> Ein ewiges Meer,
> Ein wechselnd Weben,
> Ein glühend Leben,
> So schaff' ich am sausenden Webstuhl der Zeit
> Und wirke der Gottheit lebendiges Kleid.

Das ist ein Ausdruck der umfassenden Naturanschauung, der wir auch in Goethes, etwa in seinem dreißigsten Lebensjahre geschriebenem Prosahymnus «Die Natur» begegnen. «Natur! Wir sind von ihr umgeben und umschlungen – unvermögend, aus ihr herauszutreten, und unvermögend, tiefer in sie hineinzukommen. Ungebeten und ungewarnt nimmt sie uns in den Kreislauf ihres Tanzes auf und treibt sich mit uns fort, bis wir ermüdet sind und ihrem Arme entfallen. Sie schafft ewig neue Gestalten; was da ist, war noch nie; was war, kommt nicht wieder – alles ist neu, und doch immer das alte. ... Sie baut immer und zerstört immer, und ihre Werkstätte ist unzugänglich. Sie lebt in lauter Kindern, und die Mutter, wo ist sie? – Sie ist die einzige Künstlerin ... Jedes ihrer Werke hat ein eigenes Wesen, jede ihrer Erscheinungen den isoliertesten Begriff, und doch macht alles eins aus. ... Sie verwandelt sich ewig, und ist kein Moment Stillestehen in ihr. ... Ihr Tritt ist gemessen, ihre Ausnahmen selten, ihre Gesetze unwandelbar. ... Die Menschen sind alle in ihr, und sie in allen. ... Leben ist ihre schönste Erfindung, und der Tod ist ihr Kunstgriff, viel Leben zu haben. ... Man gehorcht ihren Gesetzen, auch wenn man ihnen widerstrebt. ... Sie ist alles. Sie belohnt sich selbst und bestraft sich selbst, erfreut und quält sich selbst. ... Vergangenheit und Zukunft kennt sie nicht. Gegenwart ist ihr Ewigkeit. ... Sie hat mich hereingestellt, sie wird mich auch herausführen. Ich vertraue mich ihr. ... Ich sprach nicht von ihr. Nein, was wahr ist und was falsch ist, alles hat sie gesprochen. Alles ist ihre Schuld, alles ist ihr Verdienst!»

Goethe hat selbst im hohen Alter, auf diese Stufe seiner Seelenentwicklung zurückblickend, gesagt, daß sie eine untergeordnete Lebensanschauung darstelle, und daß er zu einer höheren gekommen sei. Aber diese Stufe hat ihm das ewige Weltgesetz erschlossen, das die Natur ebenso durchflutet wie die menschliche Seele. Sie hat ihm die schwerwiegende Empfindung erregt, daß eine ewige, eherne Notwendigkeit alle Wesen zu *einem* zusammenschließt. Sie hat ihn gelehrt, den Menschen in innigem Bande mit dieser Notwendigkeit zu betrachten. Es ist die Gesinnung, die in der Ode «Das Göttliche» vom Jahre 1782 zum Ausdruck kommt.

Edel sei der Mensch,
Hilfreich und gut!
Denn das allein
Unterscheidet ihn
Von allen Wesen,
Die wir kennen.
. . . . .
Nach ewigen, ehrnen,
Großen Gesetzen
Müssen wir alle
Unseres Daseins
Kreise vollenden.

Und dieselbe Anschauung spricht aus dem etwa 1787 geschriebenen Faustmonolog «Wald und Höhle»:

Erhabner Geist, du gabst mir, gabst mir alles,
Warum ich bat. Du hast mir nicht umsonst
Dein Angesicht im Feuer zugewendet.
Gabst mir die herrliche Natur zum Königreich,
Kraft, sie zu fühlen, zu genießen. Nicht
Kalt staunenden Besuch erlaubst du nur,
Vergönnest mir in ihre tiefe Brust
Wie in den Busen eines Freunds zu schauen.
Du führst die Reihe der Lebendigen
Vor mir vorbei und lehrst mich meine Brüder
Im stillen Busch, in Luft und Wasser kennen.
Und wenn der Sturm im Walde braust und knarrt,
Die Riesenfichte stürzend Nachbaräste
Und Nachbarstämme quetschend niederstreift,
Und ihrem Fall dumpf hohl der Hügel donnert,

Dann führst du mich zur sichern Höhle, zeigst
Mich dann mir selbst, und meiner eignen Brust
Geheime tiefe Wunder öffnen sich.

Auf die Wunder der eigenen Brust eröffnet sich Goethe
die Perspektive seiner Seele. Es ist die Perspektive, die sich
nicht mehr in der äußeren Welt allein erschließen kann; die
vielmehr nur eröffnet wird, wenn der Mensch in die eigene
Seele hinuntersteigt, so daß in immer tieferen Regionen des
Bewußtseins ihm immer höhere Geheimnisse offenbar werden. Dann erhält die Welt der Sinne und des Verstandes eine
neue Bedeutung. Sie wird zum «Gleichnis» des Ewigen.
Der Mensch sieht ein, daß er den Bund zwischen der Außenwelt und der eigenen Seele inniger schließen muß. Er er-
fährt, daß in seinem Innern die Stimmen erklingen, die auch
alle äußeren Welträtsel zu lösen berufen sind. «Das Unzulängliche, hier wird's Erreichnis.»* Die höchste Tatsache
des Lebens, die Trennung in das Männliche und Weibliche,
wird zum Schlüssel des Menschenrätsels. Der Erkenntnis-
vorgang wird zum Lebens-, zum Befruchtungsvorgang.
Die Seele in ihrer Tiefe wird zum Weibe, das, von dem Wel-
tengeiste befruchtet, den höchsten Lebensinhalt gebiert.

* Der Verfasser dieser Ausführungen bekennt sich zu der von Ad. Rudolf
im Archiv für neuere Sprachen LXX 1883 vorgebrachten Ansicht, daß die
Schreibung «Ereignis» nur auf einen Hörfehler des Goethes Diktat Schrei-
benden beruht, und daß das richtige Wort «Erreichnis» ist. [Diese Anmerkung wurde 1918, der Neu-Ausgabe, mit der veränderten Schreibweise im
Goetheschen Text hinzugefügt. 1902 heißt es noch im Manuskript und ge-
druckten Text «Ereignis». – Die Annahme von Ad. Rudolf vertritt auch
K. J. Schröer in seiner Ausgabe der Faustdichtung, die Rudolf Steiner bei
der Einstudierung von Faust-Szenen in Dornach (1914–1919) benutzte.
Erst 1928 wurde eine Handschrift Goethes mit der Schreibweise *Ereignis* aus
der Goethe-Sammlung von A. Kippenberg als Faksimiledruck bekannt.]

Das Weib wird zum «Gleichnis» dieser Seelentiefen. Wir steigen zu den Mysterien des Daseins hinan, indem wir uns von dem «Ewig-Weiblichen» hinanziehen lassen. Das höhere Dasein beginnt, wenn wir den Weisheitsgang als einen geistigen Befruchtungsvorgang erleben.

Die tieferen Mystiker aller Zeiten haben so empfunden. Sie lassen die höchste Erkenntnis aus einer geistigen Befruchtung hervorgehen, wie die Ägypter den Seelenmenschen, Horus, durch den Geistesblick, der von Osiris, dem vom Tode Erweckten, ausgehend die Isis überstrahlt. Der zweite Teil von Goethes Faust ist ein aus solcher Gesinnung heraus geschriebenes Werk.

Die Liebe Fausts zu Gretchen im ersten Teil ist eine sinnliche. Diejenige Fausts im zweiten Teile zu Helena ist nicht bloß ein sinnlich-wirklicher Vorgang; sie ist ein «Gleichnis» für das tiefste mystische Seelenerlebnis. Faust sucht, indem er Helena sucht, das «Ewig-Weibliche»; er sucht die Tiefen der eigenen Seele. Es liegt in dem Wesen von Goethes Persönlichkeit, daß dieser «das Weib im Menschen» das Urbild der griechischen Frauenschönheit sein läßt. Ihm ist ja die göttliche Notwendigkeit an der Schönheit der griechischen Kunstwerke aufgegangen.

Faust ist Mystiker geworden durch seine Ehe mit Helena. Als solcher spricht er am Beginne des vierten Aktes im zweiten Teil. Er sieht das Frauenbild, die Tiefen der eigenen Seele, und spricht:

... Formlos breit und aufgetürmt,
Ruht es im Osten, fernen Eisgebirgen gleich,
Und spiegelt blendend flüchtiger Tage großen Sinn.
Doch mir umschwebt ein zarter, lichter Nebelstreif

Noch Brust und Stirn, erheiternd, kühl und schmeichelhaft.
Nun steigt es leicht und zaudernd hoch und immer höher
auf,
Fügt sich zusammen. – Täuscht mich ein entzückend Bild,
Als jugenderstes, längstentbehrtes, höchstes Gut?
Des tiefsten Herzens frühste Schätze quellen auf,
Aurorens Liebe, leichten Schwungs, bezeichnet's mir,
Den schnell empfundnen, ersten, kaum verstandnen Blick,
Der, festgehalten, überglänzte jeden Schatz.
Wie Seelenschönheit steigert sich die holde Form,
Löst sich nicht auf, erhebt sich in den Äther hin,
Und zieht das Beste meines Innern mit sich fort.

Ist es uns bei diesen Worten, welche die Wonnen schildern, die der empfindet, der in die Tiefen der eigenen Seele hinuntergestiegen und von seinem «Ewig-Weiblichen» das Beste seines Innern mit fortgerissen gefühlt hat, nicht, wie wenn wir den Philosophen Griechenlands hörten:

Wenn du befreit vom Leibe zum freien Äther emporsteigst,
Wird ein unsterblicher Gott sie (die Seele) sein, dem Tode
entronnen.

Denn der Tod wird auf solcher Stufe zum «Gleichnis». Der Mensch stirbt für das niedere Leben ab, um in einem höheren wieder aufzuleben. Das höhere Geistesleben wird eine neue Stufe des Werdens; das Zeitliche wird zum «Gleichnis» des Ewigen, das im Menschen auflebt. Die Verbindung mit dem «Ewig-Weiblichen» läßt das Kind im Menschen entstehen, das unvergänglich ist, weil es dem Ewigen angehört. Das höhere Leben ist das Aufgeben, der Tod der niederen Existenz und die Geburt der höheren.

Goethe drückt in seinem «west-östlichen Diwan» das mit den Worten aus:

Und so lang du das nicht hast, dieses: ,Stirb und Werde!',
Bist du nur ein trüber Gast auf der dunklen Erde.

In seinen Prosasprüchen lesen wir den gleichen Gedanken: Man muß seine Existenz aufgeben, um zu existieren. Goethe ist mit dem Mystiker Heraklit der gleichen Gesinnung. Dieser spricht über den Dionysosdienst der Griechen. Es wäre für ihn ein nichtiger, ja schändlicher Dienst, wenn er bloß dem Gotte des Naturlebens, des Sinnengenusses dargebracht würde. Aber das sei nicht der Fall. Es ist nicht bloß der Dionysos des Lebens, der unmittelbaren sinnlichen Fruchtbarkeit, dem dieses Treiben gilt; es ist zugleich der Gott des Todes, Hades. Es ist Hades und Dionysos derselbe, dem sie «lärmende Feuer veranstalten». In den griechischen Mysterien wurde das Leben im Verein mit dem Tode gefeiert; das ist das höhere Leben, das durch den sinnlichen Tod hindurchgeht. Es ist das Leben, von dem die Mystiker sprechen, wenn sie sagen: «Und so ist denn der Tod die Wurzel alles Lebens.» Der zweite Teil von Goethes Faust stellt eine Erweckung dar, die Geburt des «höheren Menschen» aus den Tiefen der Seele. Man versteht Goethes Worte von diesem Gesichtspunkte aus: «Die Menge der Zuschauer» mag ihre «Freude an der Erscheinung» haben; dem «Eingeweihten wird zugleich der höhere Sinn nicht entgehen».

Wer die Entwicklung der echten mystischen Erkenntnis sich angeeignet hat, der liest vieles von dieser in dem Goetheschen Faust. Nachdem (im ersten Teil, nach der Beschwörungsszene mit dem Erdgeist) Faust mit Wagner sich unterredet hat und allein bleibt, kleidet er seine Verzweiflung über die Kleinheit, die er dem Erdgeist gegenüber empfindet, in die Worte:

Ich, Ebenbild der Gottheit, das sich schon
Ganz nah gedünkt dem Spiegel ew'ger Wahrheit,
Sein selbst genoß in Himmelsglanz und Klarheit,
Und abgestreift den Erdensohn;
Ich, mehr als Cherub, dessen freie Kraft
Schon durch die Adern der Natur zu fließen
Und schaffend, Götterleben zu genießen
Sich ahnungsvoll vermaß, wie muß ich's büßen!

Was ist der «Spiegel ew'ger Wahrheit»? Man kann es beim Mystiker Jakob Böhme lesen. «Alles das, wessen diese Welt ein irdisch Gleichnis und Spiegel ist, das ist im göttlichen Reich in großer Vollkommenheit im geistlichen Wesen; nicht nur der Geist, als ein Wille oder Gedanke, sondern Wesen, körperlich Wesen, Saft und Kraft, aber gegen der äußeren Welt wie unbegreiflich: dann aus demselben geistlichen Wesen, in welchem das reine Element ist, sowohl aus dem finsteren Wesen im Mysterio des Grimmes, als dem Urstand des ewigen lautbaren Wesens, daraus die Eigenschaften entstehen, ist diese sichtbare Welt erboren und geschaffen worden, als ein ausgesprochener Hall aus dem Wesen aller Wesen.» Für diejenigen, welche «Zigeunerwahrheiten» lieben, sei angemerkt, daß durchaus nicht behauptet werden soll, Goethe habe gerade diese Stelle J. Böhmes im Auge gehabt, als er die obigen Verse schrieb. Was er aber im Auge gehabt hat, das ist die mystische Erkenntnis, die in J. Böhmes Sätzen zum Ausdruck kommt. Und in solcher mystischen Erkenntnis lebte Goethe allerdings. Er wurde in ihr immer reifer. Er hat aus den Mystikern geschöpft.

Und aus diesem Quell ist ihm die Möglichkeit entsprungen, das Leben, «alles Vergängliche» nur als «ein Gleichnis», als einen Spiegel anzusehen. Es liegt ein nicht zu erschöpfendes Stück Innenentwicklung zwischen der Zeit, als Goethe für den ersten Teil die Zweifelworte schrieb, daß er doch fern sei von dem «Spiegel ew'ger Wahrheit», und den Worten des «Chorus mysticus», die ausdrücken, daß im «Vergänglichen» wirklich nur das «Gleichnis» des Ewigen zu sehen ist.

Das mystische «Stirb und Werde» durchflutet die Eingangsszene des zweiten Teils: «Anmutige Gegend. Faust auf blumigen Rasen gebettet, ermüdet, unruhig, schlafsuchend.» Die Elfen unter Ariels Führung bewirken Fausts «Erweckung». Ariel spricht zu den Elfen:

> Die ihr dies Haupt umschwebt im luft'gen Kreise,
> Erzeigt euch hier nach edler Elfen Weise,
> Besänftiget des Herzens grimmen Strauß;
> Entfernt des Vorwurfs glühend bittre Pfeile,
> Sein Innres reinigt von erlebtem Graus.
> *Vier* sind die Pausen nächtiger Weile,
> Nun ohne Säumen füllt sie freundlich aus.
> Erst senkt sein Haupt aufs kühle Polster nieder,
> Dann badet ihn im Tau aus Lethes Flut;
> Gelenk sind bald die krampferstarrten Glieder,
> Wenn er gestärkt dem Tag entgegenruht.
> Vollbringt der Elfen schönste Pflicht,
> Gebt ihn zurück dem heiligen Licht.

Und Faust ist beim Aufgang der Sonne dem «heiligen Licht» zurückgegeben:

> Des Lebens Pulse schlagen frisch lebendig,
> Ätherische Dämm'rung milde zu begrüßen;

Du Erde warst auch diese Nacht beständig,
Und atmest neu erquickt zu meinen Füßen,
Beginnest schon mit Lust mich zu umgeben,
Du regst und rührst ein kräftiges Beschließen,
Zum höchsten Dasein immerfort zu streben.

Was hat Faust in seiner «Studierstube» (im ersten Teil) erstrebt, und was ist ihm geworden auf der Stufe, auf der er uns im Beginn des zweiten Teiles entgegentritt? Was er dort erstrebt, kleidet er in die Worte des «Weisen»:

Die Geisterwelt ist nicht verschlossen.
Dein Sinn ist zu, dein Herz ist tot!
Auf, bade, Schüler, unverdrossen
Die ird'sche Brust im Morgenrot!

Hier kann Faust noch nicht die ird'sche Brust im Morgenrot baden. Er muß, nach der Beschwörung des Erdgeistes, sich seine Kleinheit gestehen. Aber er kann das am Beginne des zweiten Teiles. Ariel verkündet, wie das geschieht:

Horchet! horcht dem Sturm der Horen!
Tönend wird für Geistesohren
Schon der neue Tag geboren.

Daß aus der Morgenröte der «neue Tag» der Erkenntnis und des Lebens geboren wird, hat J. Böhme bekräftigt, als er das erste Werk, mit dem er in die mystische Weisheit eintauchte, betitelte «Aurora» oder «Die Morgenröte im Aufgang». Wie Goethe in solchen Vorstellungen lebte, das zeigt die schon angeführte Stelle im vierten Akt des zweiten Teiles des Faust. «Des tiefsten Herzens früheste Schätze» werden ihm durch «Aurorens Liebe» erschlossen. – Als Faust wirklich gebadet hat «die ird'sche Brust im Morgenrot», da ist er reif, innerhalb seiner Erdenbahn ein höheres Leben zu führen. Er erscheint mit Mephistopheles am Kaiserhofe innerhalb eines Festes voll Lust und eitlen Genusses. Er selbst muß beitragen, den Genuß zu erhöhen. In der Maske des Plutus, des Gottes des Reichtums, erscheint er, mitten in einem Maskenscherz. Es wird von ihm verlangt, daß er zur Erhöhung des «Amüsements» Paris und Helena aus der Unterwelt heraufzaubere. Dabei offenbart sich uns, daß in Fausts Seelenleben die Stufe erreicht ist, auf der er das «Stirb und Werde» begriffen hat. Er macht das Fest der Lust mit, aber er tritt während des Festverlaufes den «Gang zu den Müttern» an. Nur bei den Müttern kann er die Bilder von Paris und Helena finden, die der Kaiser sehen will. Bei den Müttern ist das Reich, wo die ewigen Urbilder alles Seins aufbewahrt sind. Dort ist eine Region, die man nur betreten kann, «wenn man seine Existenz aufgegeben hat, um zu existieren». Dort kann Faust auch finden, was von Helena die Zeiten überdauert. In diese Region kann ihn aber Mephistopheles, der bis dahin sein Helfer war, nicht führen. Das ist für dessen Charakter bezeichnend. Er sagt ausdrücklich zu Faust:

> Du wähnst, es füge sich sogleich;
> Hier stehen wir vor steilern Stufen,
> Greifst in ein fremdestes Bereich.

Das Reich des Ewigen ist Mephistopheles fremd. Das könnte leicht unerklärlich scheinen, wenn man bedenkt, daß er dem Reiche des Bösen, also selbst einer ewigen Region angehört. Erklärlich wird es aber, wenn man Goethes Eigenart bedenkt. Er hat die ewige Notwendigkeit für sich nicht im Bereich des Christentums erlebt, zu dem für ihn Hölle und Teufel gehören. Ihm ist dieses Ewige persönlich da aufgegangen, wohin die christliche Vorstellungswelt nicht dringt. Es ist durchaus zuzugeben, daß eine Gestalt wie Mephistopheles ihrem letzten Ursprunge nach auch in heidnischen Religionsvorstellungen zu finden ist. * Für Goethe gehörte sie aber der nordisch-christlichen Welt an. Dorther hat er sie geschöpft. Es war seine persönliche Erfahrung, daß er sein Reich des Ewigen mit dieser Vorstellungswelt nicht finden konnte. Man braucht sich nur, um das einzusehen, an die Charakteristik zu erinnern, welche Schiller von Goethe gibt, als er mit einem tiefsinnigen Briefe diesem (23. August 1794) einen Spiegel seines Wesens vorhält: «Wären Sie als ein Grieche, ja nur als ein Italiener geboren worden, und hätte schon von der Wiege an eine auserlesene Natur und eine idealisierende Kunst Sie umgeben, so wäre Ihr Weg unendlich verkürzt, vielleicht ganz überflüssig gemacht worden. Schon in die erste Anschauung der Dinge hätten Sie dann die Form des Notwendigen aufgenommen, und mit Ihren ersten Erfahrungen hätte sich der große Stil in Ihnen entwickelt. Nun, da Sie ein Deutscher geboren sind, da Ihr griechischer Geist in diese nordische Schöpfung geworfen wurde, so blieb Ihnen keine andere Wahl, als entweder selbst zum nordischen Künstler zu werden, oder Ihrer Imagination das, was ihr die Wirklichkeit vorenthielt, durch Nachhilfe der Denkkraft zu ersetzen, und so gleichsam von *innen* heraus und auf einem rationalen Wege ein Griechenland zu gebären.»

* Vergleiche Carl Kiesewetter, Faust in der Geschichte und Tradition. [Untertitel: Mit besonderer Berücksichtigung des okkulten Phänomenalismus und des mittelalterlichen Zauberwesens. 1893.]

Es kann hier nicht die Aufgabe sein, auf die verschiedenen Vorstellungen einzugehen, die man sich über die Bedeutung des Mephistopheles gemacht hat. In diesen Vorstellungen drückt sich gerade das dem meinigen entgegengesetzte Bestreben aus, künstlerische Gestalten in stroherne Allegorien oder Symbole zu verwandeln. Für eine esoterische Bedeutung darf Mephistopheles durchaus als wirklicher Mensch, im Sinne dichterischer Wirklichkeit natürlich, aufgefaßt werden. Denn die esoterische Deutung sucht nicht den geistigen Gehalt, den gewisse Gestalten erst durch den Dichter erhalten, sondern denjenigen, den sie schon im Leben haben. Ihn kann ihnen also der Dichter weder nehmen, noch geben, sondern er nimmt ihn, wie das für das Auge Sichtbare, aus dem Leben. Es gehört aber zum Wesen des Mephistopheles, daß er im Sinnlichen, im Materiellen lebt. Auch die Hölle ist ja nur das verkörperte Materielle. Wer so im Materiellen lebt wie er, dem kann das Ewige im Schoße der Mütter nur ein fremdestes Bereich sein. Der Mensch muß durch das Materielle hindurch, um wieder in das Ewige, das Göttliche einzugehen, in dem er seinen Ursprung hat. Findet er den Weg dahin, gibt er «seine Existenz auf, um zu existieren», so ist er eine Faustnatur; kann er vom Materiellen nicht lassen, so ist er ein Charakter wie Mephistopheles. Nur den «Schlüssel» zum Reich der Mütter vermag Mephistopheles dem Faust noch zu geben. An diesem «Schlüssel» hängt wirklich ein Geheimnis. Man muß es erlebt haben, um es ganz durchzufühlen. Der in der Wissenschaft Lebende wird am leichtesten dazu kommen.

Man kann noch soviel Wissen anhäufen und doch kann einem der «Geist der Dinge», das Reich der Mütter, verschlossen bleiben. In dem Wissen hat man aber im Grunde den Schlüssel zum Geisterreich in der Hand. Es wird entweder zur Gelehrsamkeit oder zur Weisheit. Man lasse einen weisen Menschen sich des «trockenen Gelehrtenstoffes» bemächtigen, den ein bloß Wissender angehäuft hat: er wird dadurch in eine Region geführt, die dem andern «fremdestes Bereich» ist. Faust vermag mit dem Schlüssel, den ihm Mephistopheles gibt, zu den Müttern zu gelangen. In der Art, wie Mephistopheles und Faust von dem Reich der Mütter sprechen, spiegeln sich deren Charaktere:

Mephistopheles:
Nichts wirst du sehn in ewig leerer Ferne,
Den Schritt nicht hören, den du tust,
Nichts Festes finden, wo du ruhst.

Faust:
Du sendest mich ins Leere,
Damit ich dort so Kunst als Kraft vermehre;
Behandelst mich, daß ich, wie jene Katze,
Dir die Kastanien aus den Gluten kratze.
Nur immer zu! Wir wollen es ergründen,
In deinem Nichts hoff' ich das All zu finden.

Goethe hat es Eckermann verraten, wie er zur Einführung der Mütterszene gekommen ist. «Ich kann Ihnen weiter nichts verraten» – sagt Goethe – «als daß ich beim Plutarch gefunden, daß im griechischen Altertum von Müttern als Gottheiten die Rede gewesen.» Das mußte auf Goethe, der von seiner mystischen Erkenntnis her die Bedeutung des «Ewig-Weiblichen» kannte, einen großen Eindruck machen.

Aus dem Reiche der Mütter zaubert Faust die Gestalten der Helena und des Paris herauf. Als er sie dann am Kaiserhofe vor sich sieht, da erfaßt ihn ein unwiderstehlicher Drang zu Helena. Er will sich ihrer bemächtigen. Es erfolgt eine Explosion. Faust sinkt bewußtlos hin und wird von Mephistopheles fortgetragen. – Wir sind damit an einer Stelle in Fausts Entwicklung, die von großer Bedeutung ist. Faust ist reif, zum Geistigen vorzudringen. Er kann sich geistig zu den ewigen Urbildern erheben. Er ist auf dem Punkte, wo das Geistige dem Menschen in einer unendlichen Perspektive sichtbar wird.

Nun kann er entweder sich bescheiden und sich sagen, daß diese Perspektive nicht im Fluge durchmessen werden kann, daß sie vielmehr langsam durch zahllose Lebensstationen durchschritten werden muß; oder er kann sich im Sturme des göttlichen Endzieles bemächtigen wollen. Das letztere will Faust. Er macht eine neue Prüfung durch. Er muß erfahren, daß der Mensch an die Materie gebunden ist, und daß er erst, wenn er alle Stufen des Materiellen durchgemacht hat, zur Erlangung des Endzieles gereinigt ist.

Nur ein rein geistiges, ein auf geistige Weise geborenes Wesen könnte sich unmittelbar mit dem Geistigen vereinigen. Der Menschengeist ist kein solches Wesen. Er muß durch das Materielle vollständig hindurchwandeln. Ohne diese Lebenswanderung wäre dieser Menschengeist ein wesenloses Wesen. Wenn er so vorhanden wäre, könnte er nicht leben. Entstünde er auf irgendeine Weise, so müßte er die materielle Wanderung von vorn anfangen. Denn der Mensch ist das, was er ist, nur dadurch, daß er durch eine Reihe vorheriger Verkörperungen durchgegangen ist. Auch diese Vorstellung mußte Goethe im Faust darstellen. Über den Homunkulus hat sich Goethe am 16. Dezember 1829 zu Eckermann ausgesprochen: «Denn solche geistige Wesen wie der Homunkulus, die durch eine vollkommene Menschwerdung noch nicht verdüstert und beschränkt werden, zählte man zu den Dämonen.»

Homunkulus ist also ein Mensch, doch ohne die dem Menschen notwendige Materialität. Er wird im Laboratorium auf künstliche Weise erzeugt. An dem schon angeführten Tage sagt Goethe noch weiter über ihn zu Eckermann: «Als ein Wesen, dem die Gegenwart durchaus klar und durchsichtig ist, sieht Homunkulus das Innere des schlafenden Faust.» Aber weil seinem Geiste alles durchsichtig ist, kommt es ihm auf den Geist gar nicht an. «Das Räsonieren ist nicht seine Sache; er will *handeln*.» Insoferne der Mensch ein Wissender ist, wird gerade durch das Wissen der Trieb zum Wollen, zum Handeln geweckt. Nicht auf das Wissen, nicht auf den Geist als solchen kommt es an, sondern darauf, diesen Geist durch das Materielle, durch die Handlung hindurchzuführen. Je wissender ein Wesen ist, einen desto größeren Trieb zum Handeln muß es haben. Und ein auf rein geistigem Wege entstandenes Wesen muß erfüllt sein von Durst nach Handlung. In dieser Lage ist Homunkulus. Sein gewaltiger Drang nach Wirklichkeit führt Faust und Mephistopheles nach Griechenland, in die «Klassische Walpurgisnacht». Im Reiche, in dem Goethe die höchste Wirklichkeit gefunden hat, soll Homunkulus körperlich entstehen. Damit ist dann auch für Faust die Möglichkeit gegeben, die wirkliche Helena, nicht bloß deren Urbild zu finden. In die griechische Wirklichkeit wird Homunkulus der Führer. Wir brauchen bloß Homunkulus bei seiner Wanderung durch die klassische Walpurgisnacht zu verfolgen, um sein Wesen ganz kennenzulernen. Er will von zwei griechischen Philosophen, Thales und Anaxagoras, hören, wie er entstehen, das heißt zum Handeln kommen kann. Er sagt zu Mephistopheles:

> Ich schwebe so von Stell' zu Stelle
> Und möchte gern im besten Sinn entstehn,
> Voll Ungeduld mein Glas entzwei zu schlagen;
> Allein, was ich bisher gesehn,
> Hinein da möcht' ich mich nicht wagen.
> Nur, um dir's im Vertraun zu sagen:
> Zwei Philosophen bin ich auf der Spur,
> Ich horchte zu, es hieß: Natur! Natur!
> Von diesen will ich mich nicht trennen.
> Sie müssen doch das irdische Wesen kennen;
> Und ich erfahre wohl am Ende,
> Wohin ich mich am allerklügsten wende.

Er will die natürlichen Bedingungen der körperlichen Entstehung kennenlernen. Thales führt ihn zu Proteus, dem Meister der Verwandlung, des ewigen Werdens. Thales sagt von Homunkulus:

> Es fragt um Rat und möchte gern entstehn.
> Er ist, wie ich von ihm vernommen,
> Gar wundersam nur halb zur Welt gekommen.
> Ihm fehlt es nicht an geistigen Eigenschaften,
> Doch gar zu sehr am greiflich Tüchtighaften.
> Bis jetzt gibt ihm das Glas allein Gewicht,
> Doch wär' er gern zunächst verkörperlicht.

Und Proteus spricht das Gesetz des Werdens aus:

> Doch gilt es hier nicht viel besinnen,
> Im weiten Meere mußt du anbeginnen!

Da fängt man erst im Kleinen an
Und freut sich, Kleinste zu verschlingen.
Man wächst so nach und nach heran
Und bildet sich zu höherem Vollbringen.

Thales gibt dazu den Rat:

Gib nach dem löblichen Verlangen,
Von vorn die Schöpfung anzufangen!
Zu raschem Wirken sei bereit!
Da regst du dich nach ewigen Normen,
Durch tausend, abertausend Formen,
Und bis zum Menschen hast du Zeit.

Die ganze Goethesche Naturanschauung von der Ver-
wandtschaft aller Wesen, von ihrer metamorphosischen Entwicklung aus dem Unvollkommenen zum Vollkommenen
tritt hier im Bilde auf. Der Geist kann in der Welt zunächst
nur keimartig sein. Er muß sich in die Materie, in die Elemente ausgießen, in sie untertauchen, um aus ihnen erst
höhere Gestalt anzunehmen. Homunkulus zerschellt am
Muschelwagen der Galatea. Er löst sich in die Elemente auf.
Die «Sirenen» beschreiben den Vorgang.

Welch feuriges Wunder verklärt uns die Wellen,
Die gegeneinander sich funkelnd zerschellen?
So leuchtet's und schwanket und hellet hinan:
Die Körper, sie glühen auf nächtlicher Bahn,
Und rings ist alles vom Feuer umronnen;
So herrsche denn Eros, der alles begonnen!

Homunkulus ist als Geist nicht mehr. Er hat sich den Ele-
menten gemischt. Aus ihnen kann er entstehen. Zum Geist
muß die Begierde, das Wollen, das Handeln, der Eros tre-

ten. Der Geist muß durch die Materie, durch den Sündenfall hindurch. Das geistige Wesen muß, nach Goethes obigen Worten, verdüstert und beschränkt werden. Das ist zu einer «vollkommenen Menschwerdung» notwendig. Das Mysterium der Menschwerdung stellt der zweite Akt des zweiten Teiles dar. Proteus, der Meister der körperlichen Verwandlungen, legt dieses Mysterium dem Homunkulus dar:

> Komm geistig mit in feuchte Weite,
> Da lebst du gleich in Läng' und Breite,
> Beliebig regest du dich hier;
> Nur strebe nicht nach höhern Orten*:
> Denn bist du erst ein Mensch geworden,
> Dann ist es völlig aus mit dir.

Das ist alles, was der Meister der körperlichen Wandelungen von der Menschwerdung wissen kann. Er ist der Meinung, wenn der Mensch als solcher entstanden, höre die Entwicklung auf. Das weitere gehört nicht zu seinem Bereich. Er ist nur im Körperlichen zu Hause; und durch das Menschwerden trennt sich das Geistige eben von dem Bloß-Körperlichen ab. Die weitere Entwicklung des Menschen geschieht im Reiche des Geistigen. Das höchste, wozu es der natürliche Eros bringt, ist die Trennung in zwei Geschlechter, sind das Männliche und das Weibliche. Hier setzt die geistige Entwicklung ein; der Eros wird vergeistigt. Faust geht mit der Helena, dem Urbild der Schönheit, eine Ehe ein. Goethe ist der Überzeugung, daß er durch die Ehe mit der griechischen Schönheit das geworden ist, was er ist. Das Mysterium der Vergeistigung hatte für Goethe einen

---

* Die Ausgaben haben «Orden», was wohl nur Hörfehler des Schreibers ist.

künstlerischen Charakter. Aus der Ehe Fausts mit Helena geht der Euphorion hervor. Auch das hat Goethe selbst gesagt, was der Euphorion ist. Eckermann führt Goethes Worte unter dem 20. Dezember 1829 an: «Der Euphorion ist kein menschliches, sondern ein allegorisches Wesen. Es ist in ihm die *Poesie* personifiziert, die an keine Zeit, an keinen Ort und an keine Person gebunden ist.» Durch die Ehe, die Faust in den Tiefen seiner Seele erlebt, wird die Poesie geboren. Diese Färbung des geistigen Mysteriums muß wieder auf Goethes persönliche Erfahrung und Wesenheit zurückgeführt werden. Er hat in der Kunst, in der Poesie «eine Manifestation geheimer Naturgesetze» gesehen, die ohne sie niemals offenbar würden. * Als Künstler hat er die höheren Stufen des Seelenlebens durchgerungen. Es war nur natürlich, daß er der Poesie nicht nur ganz allgemeine, sondern solche Züge gab, die den poetischen Schöpfungen seiner Zeit entnommen waren. Auf Euphorion sind Byrons Züge übergegangen. «Ich konnte als Repräsentanten der neuesten poetischen Zeit», sagte Goethe am 5. Juli 1827 zu Eckermann, «niemanden gebrauchen als ihn (Byron), der ohne Frage als das größte Talent des Jahrhunderts anzusehen ist. Und dann, Byron ist nicht antik und nicht romantisch, sondern er ist wie der gegenwärtige Tag selbst. Einen solchen mußte ich haben. Auch paßte er übrigens ganz wegen seines unbefriedigten Naturells und seiner kriegerischen Tendenz, woran er in Missolunghi zugrunde ging. Eine Abhandlung über Byron schreiben, ist nicht bequem und rätlich, aber gelegentlich ihn zu ehren und auf ihn im einzelnen hinzuweisen, werde ich auch in der Folge nicht unterlassen.»

Die Ehe Fausts mit Helena kann keine dauernde sein. Das

* Vergleiche seine Sprüche in Prosa.

Hinuntersteigen in die Tiefen der Seele ist, auch nach Goethes Überzeugung, nur in Feieraugenblicken des Lebens möglich. Man taucht unter in die Regionen, in denen das höchste Geistige geboren wird. Aber mit der Verwandlung, die man da erfahren hat, kehrt man wieder zurück ins tätige Leben. Faust macht einen Vergeistigungsprozeß durch; aber auch als Vergeistigter soll er weiter im unmittelbaren Leben wirken. Der Mensch, der solche Feieraugenblicke durchgemacht hat, muß allerdings sehen, wie ihm in der unmittelbaren Wirklichkeit das tiefer Seelische wieder entschwindet. Im Bilde ist das von Goethe dargestellt. Euphorion entschwindet wieder in das Reich des Dunkels. Der Mensch kann nicht zu dauerndem irdischen Leben das Geistige bringen. Aber dieses Geistige ist nun mit seiner Seele innig verbunden. Sein Kind, das Geistige, zieht auch seine Seele in das Reich des Ewigen. Er hat sich dem Ewigen vermählt. Durch die höchsten geistigen Leistungen tritt der Mensch mit seinem besten Sein, mit den Tiefen seiner Seele selbst in das Ewige ein. Die Ehe, die er in seiner Seele eingegangen ist, läßt ihn im All aufgehen. Wie dieser ewige Ruf, der in der Brust des immer strebenden Menschen erklingt, tönen die Worte des Euphorion:

> Lass mich im düstern Reich,
> Mutter, mich nicht allein!

Der Mensch, der in dem Zeitlichen das Ewige empfunden hat, vernimmt von dem Geistigen in ihm diesen Ruf immerzu. Seine Schöpfungen ziehen seine Seele nach dem Ewigen. So wird Faust weiterleben. Ein Doppelleben wird er führen. Im Leben wird er schaffen; aber sein geistiges Kind verbindet ihn auf seiner irdischen Wanderung mit dem höheren

Reich des Geistes. Das wird das Leben eines Mystikers sein. Allerdings nicht eines solchen, der in müßiger Beschaulichkeit, in einem Traum-Innenleben seine Tage verbringen wird, sondern in voller Tätigkeit, so aber, daß jeder Tat der Adel aufgedrückt ist, den der Mensch durch geistige Vertiefung erlangt.

Auch das äußere Leben Fausts wird nunmehr das eines Menschen, der seine Existenz aufgegeben hat, um zu existieren. Er will ganz selbstlos im Dienste der Menschheit wirken. Noch eine Prüfung steht ihm aber bevor. Auch er kann auf seiner Stufe das Wirken im materiellen Dasein mit den reinen Bedürfnissen des Geistes nicht voll in Einklang bringen. Er hat dem Meere Boden abgewonnen. Er hat darauf eine herrliche Kulturstätte errichtet. Aber ein altes Häuschen ist noch stehen geblieben; ein altes Paar wohnt darinnen. Das stört die neue Schöpfung. Die Alten wollen den herrlichsten Besitz nicht eintauschen für ihr Anwesen. Faust muß sehen, wie Mephistopheles seinen Wunsch mit der Wendung ins Böse ausführt. Ihre Habe steckt er in Brand; das Paar stirbt vor Schrecken. Faust muß es nochmals erleben, daß die «vollkommene Menschwerdung» «verdüstert und beschränkt», daß sie zur Schuld führen muß. Seine Sinne, sein Materielles waren es, die ihm diesen Streich gespielt, die ihm diese Prüfung auferlegt haben. – Als er das Glöckchen von der Kapelle der Alten läuten hört, da bricht er in die Worte aus:

> Verdammtes Läuten! Allzu schändlich
> Verwundet's, wie ein tückischer Schuß;
> Vor Augen ist mein Reich unendlich,
> Im Rücken neckt mich der Verdruß,

Erinnert mich durch neidische Laute,
Mein Hochbesitz, er ist nicht rein,
Der Lindenraum, die braune Baute,
Das morsche Kirchlein ist nicht mein.
Und wünscht' ich dort mich zu erholen,
Vor fremden Schatten schaudert mir,
Ist Dorn den Augen, Dorn den Sohlen,
O! wär' ich weit hinweg von hier!

Seine Sinne erzeugen in Faust den verhängnisvollen Wunsch. Er hat doch noch einen Rest von derjenigen Existenz, die er aufgeben mußte, um zu existieren. Das Anwesen ist nicht sein. In der «Mitternacht» stellen sich vier graue Weiber ein: der Mangel, die Schuld, die Sorge, die Not. Sie sind es, die das Dasein des Menschen beschränken und verdüstern. Unter ihrem Geleit wandelt er durch das Leben. Er kann gar nicht leben, ohne von ihnen zunächst geleitet zu sein. Denn das Leben allein kann von ihnen frei machen. Faust ist so weit, daß drei von ihnen keine Gewalt über ihn haben. Nur der Sorge ist diese Gewalt nicht genommen. Sie sagt:

Ihr Schwestern, ihr könnt nicht und dürft nicht hinein.
Die Sorge, sie schleicht sich durchs Schlüsselloch ein.

Und die Sorge mahnt ihn an eine Stimme, tief im Herzen jedes Menschen. Keiner kann den letzten Zweifel tilgen darüber, ob er auch wirklich mit seiner Lebensrechnung vor dem Ewigen bestehen kann. Faust empfindet das in diesem Augenblicke. Hat er denn wirklich nur reine Mächte schon um sich? Hat er seinen «inneren Menschen» von allem Unreinen frei gemacht? Er hat «Magie» auf seinen Pfad mitgenommen. Er bekennt das mit den Worten:

Noch hab' ich mich ins Freie nicht gekämpft.
Könnt' ich Magie von meinem Pfad entfernen,
Die Zaubersprüche ganz und gar verlernen,
Stünd' ich, Natur! vor dir ein Mann allein,
Da wär's der Mühe wert, ein Mensch zu sein.

Nein, die letzten Zweifel kann auch Faust nicht von sich wegbannen. Die Sorge darf auch mit Bezug auf ihn sagen:

Würde mich kein Ohr vernehmen,
Müßt' es doch im Herzen dröhnen;
In verwandelter Gestalt
Üb' ich grimmige Gewalt.

Der Sorge gegenüber will Faust sich zunächst stellen, als ob jeder Rest in ihm geschwunden sei von Zweifeln an seiner Lebensrechnung:

Der Erdenkreis ist mir genug bekannt.
Nach drüben ist die Aussicht uns verrannt;
Tor! wer dorthin die Augen blinzend richtet,
Sich über Wolken seinesgleichen dichtet!
Er stehe fest und sehe hier sich um;
Dem Tüchtigen ist diese Welt nicht stumm.
Was braucht er in die Ewigkeit zu schweifen!

In diesen Sätzen zeigt eben Faust, daß er daran ist, sich völlig ins Freie zu kämpfen. Die Sorge will ihn in ihrer Art an das Ewige mahnen. Sie stellt ihm vor, wie die Menschen, die auf der Erde wirken, doch nur Zeitliches zu Zeitlichem fügen. Und wenn sie dieses tun, wenn sie glauben, daß dem Tüchtigen die Welt nicht stumm sei, dann bleibe sie, die Sorge, zuletzt doch noch bei ihnen. Und so, wie sie das bei anderen vermag, so glaubt sie das auch bei Faust tun zu können. Sie glaubt ihn in den Zweifeln bestärken zu können, die dem Menschen kommen, wenn er sich fragt, ob denn all sein Schaffen doch eine Bedeutung habe. Was sie über den Menschen vermag, das spricht sie aus:

> Soll er gehen? soll er kommen?
> Der Entschluß ist ihm genommen;
> Auf gebahnten Weges Mitte
> Wankt er tastend halbe Schritte.
>
> So ein unaufhaltsam Rollen,
> Schmerzlich Lassen, widrig Sollen,
> Bald Befreien, bald Erdrücken,
> Halber Schlaf und schlecht Erquicken
> Heftet ihn an seine Stelle
> Und bereitet ihn zur Hölle.

Um in der hiermit angedeuteten Weise der Macht der Sorge zu verfallen, ist Fausts Seele zu weit vorgeschritten. Er darf ihr entgegenrufen:

> Doch deine Macht, o Sorge, schleichend groß,
> Ich werde sie nicht anerkennen.

Sie vermag nur etwas über sein Körperliches. Indem sie entschwindet, haucht sie ihn an; und er erblindet. Damit ist das Körperliche von ihm um einen weiteren Grad abgestorben.

> Die Nacht scheint tiefer tief hereinzudringen,
> Allein im Innern leuchtet helles Licht.

Es kommt nun nur noch das Seelische des Faust in Betracht. Über dieses hat der im Materiellen lebende Mephistopheles keine Gewalt. Faust ist ja seit der Helena-Szene mit seinem besten Teile, mit dem Tiefsten seiner Seele im Ewigen. Dieses Ewige nimmt völlig Besitz von ihm nach seinem Tode. Fausts Unsterbliches wird von den Genien diesem Ewigen einverleibt.

Gerettet ist das edle Glied
Der Geisterwelt vom Bösen:
Wer immer strebend sich bemüht,
Den können wir erlösen;
Und hat an ihm die Liebe gar
Von oben teilgenommen,
Begegnet ihm die selige Schar
Mit herzlichem Willkommen.

Die «Liebe von oben» steht im deutlichen Gegensatz zum «Eros», den der Proteus meinte, und von dem gesagt wird*:

Und rings ist alles vom Feuer umronnen,
So herrsche denn Eros, der alles begonnen.

Dieser Eros ist die «Liebe von unten», die den Homunkulus durch die Elemente und durch die körperlichen Verwandlungen hindurchführt, damit er zuletzt als Mensch erscheinen könne. Dann beginnt «die Liebe von oben», die die Seele weiterentwickelt.

Fausts Seele steht am Wege nach dem Ewig-Unendlichen. Eine unendliche Perspektive eröffnet sich vor ihr. Man kann diese Perspektive ahnend empfinden. Sie dichterisch gegenständlich zu machen, ist eine große Schwierigkeit. Goethe empfand das. Er sagte darüber zu Eckermann: «Übrigens werden Sie zugeben, daß der Schluß, wo es mit der geretteten Seele nach oben geht, sehr schwer zu machen war, und daß ich bei so übersinnlichen, kaum zu ahnenden Dingen mich sehr leicht im Vagen hätte verlieren können, wenn ich nicht meinen poetischen Intentionen durch die scharf um-

* Am Ende des zweiten Aktes des zweiten Teiles.

rissenen, christlich-kirchlichen Figuren und Vorstellungen
eine wohltätig beschränkende Form und Festigkeit gegeben
hätte.» Es mußte auf den nicht auszuschöpfenden Inhalt der
Seele hingedeutet, das tiefste Innere im Symbol dargestellt
werden. «Heilige Anachoreten, gebirgauf verteilt, gelagert
zwischen Klüften» stellen die höchsten Zustände der Seelenentwicklung dar. Man wird aufwärts geführt in die Regionen des Bewußtseins – der Seele –, in denen die Welt immer
mehr zum «Gleichnis» des Ewigen wird.

Dieses Bewußtsein, die Tiefen der Seele, werden in my-
stischer Weise im Bilde des «Ewig-Weiblichen», der Jung-
frau Maria, angeschaut. Sie betet der Doctor Marianus ent-
zückt an:

> Höchste Herrscherin der Welt!
> Lasse mich im blauen,
> Ausgespannten Himmelszelt
> Dein Geheimnis schauen.

In monumentale Worte klingt der Faust in den «Chorus
mysticus» aus. Sie sollen Worte ewiger Weisheit sein. Sie
verkünden das Mysterium, daß «alles Vergängliche nur ein
Gleichnis» ist. Was in weitester Ferne vor dem Menschen
liegt, wohin ihn der Weg führt, den er betritt, wenn er es
begriffen hat, dieses «Stirb und Werde»:

> Das Unzulängliche,
> Hier wird's Erreichnis*.

Was nicht beschrieben werden kann, weil es nur zu erleben
ist; was die Eingeweihten der «Mysterien» erlebten, wenn
sie auf den «Pfad» des Ewigen geführt wurden; was unaus-
sprechlich ist, weil es in so tiefen Klüften der Seele liegt,

---

* Über die Schreibung «Erreichnis» vergleiche oben S. 18 Anmerkung.

daß die für Zeitliches geprägten Worte es nicht fassen können:

> Das Unbeschreibliche,
> Hier ist es getan.

Und zu all dem zieht die Kraft der eigenen Seele, ziehen die
Mächte, die der Mensch ahnt, wenn er die inneren Pforten
der Seele überschreitet, wenn er in sich die göttliche Stimme
sucht, die ihn zur Ehe ruft zwischen dem «Ewig-Männ-
lichen», der Welt, und dem «Ewig-Weiblichen», dem Bewußtsein:

> Das Ewig-Weibliche
> Zieht uns hinan.

II

GOETHES GEISTESART
IN IHRER OFFENBARUNG
DURCH SEINEN FAUST

Diese Ausführungen werden in dieser Neu-Ausgabe [1918]
neu hinzugefügt

Der Seelenkonflikt, den Goethe aus seinem eigenen Innenleben in die Persönlichkeit des Faust gelegt hat, leuchtet in voller Stärke gleich im Anfang des Dramas auf. Da, wo Faust sich von dem Zeichen des Makrokosmos ab- und demjenigen des Erdgeistes zuwendet. Was der erste Faustmonolog bis zu diesem Seelenerlebnis enthält, ist im Grunde doch nur ein Auftakt. Die Unbefriedigung an den Wissenschaften, die andere an seiner Lage als Gelehrter, sind etwas, was in die besondere Goethesche Eigenart viel weniger hineinweist als das Verhältnis, in dem sich Faust zu dem Geiste des ganzen Alls auf der einen Seite und zu dem der Erde auf der andern fühlt. Aus dem Zeichen des Makrokosmos offenbart sich der Seele die umfassende Harmonie der ganzen Welt:

> Wie alles sich zum Ganzen webt,
> Eins in dem andern wirkt und lebt!
> Wie Himmelskräfte auf und nieder steigen
> Und sich die goldnen Eimer reichen!
> Mit segenduftenden Schwingen
> Vom Himmel durch die Erde dringen,
> Harmonisch all das All durchklingen!

Hält man diese Worte zusammen mit dem, was Goethe als Zeichen des Makrokosmos gekannt hat, so fällt der Blick auf ein bedeutsames Erlebnis in Fausts Seele. Vor dieser stand ein Sinnbild des Weltalls. Die Erde im Zusammenhang mit den anderen Planeten des Sonnensystems und die Sonne selbst. Die Wirksamkeit der einzelnen Himmelskörper als Offenbarung von Geistwesen, die Bewegung und Wechselverhältnis lenken. Nicht eine mechanische Himmelssphäre, sondern ein kosmisches Weben von geistigen Hierarchien, als dessen Ausfluß das Leben der Welt erscheint, in die der Mensch hineingestellt ist. Und dieser selbst als Zusammenfluß des Wirkens all dieser Wesen. – Doch Faust kann in dem Anschauen dieser All-Harmonie in seiner Seele nicht das Erleben fühlen, nach dem er strebt. Man empfindet, in den Untergründen dieser Seele wühlt die Sehnsucht: wie werde ich im vollsten Sinne des Wortes «Mensch»? Sie möchte in sich erleben, was den Menschen bewußt zum wahren Menschen macht. Sie kann aus den Tiefen ihres Wesens nicht in derjenigen Art, die ihr vorschwebt, dasjenige Erfühlen heraufholen, durch das sie sich als den Zusammenfluß alles dessen erscheinen könnte, was ihr durch das Zeichen des Makrokosmos vorgestellt wird. Denn dies ist «Erkenntnis», welche sich durch das innere starke Erleben in «Selbsterkenntnis» umwandeln kann. Keine Erkenntnis aber, auch nicht die höchste, kann unmittelbar den ganzen Menschen ergreifen. Sie kann nur einen Teil des Menschen ergreifen; der Mensch muß sie dann durch das Leben tragen; und im Wechselverhältnis mit dem Leben dehnt sie dann ihren Bereich über das ganze menschliche Wesen aus. Faust fehlt die Geduld, die Erkenntnis als das hinzunehmen, was sie zunächst allein sein kann. Er möchte im Augenblick eine Seelen-Erfüllung erleben, die nur im Laufe der Zeit zu erleben ist. Und so wendet er sich ab von der Offenbarung des Makrokosmos:

Welch Schauspiel! aber ach! ein Schauspiel nur!

Die Erkenntnis kann nicht mehr sein als *Bild* des Lebens. Faust will nicht ein Bild des Lebens; er will das Leben selbst. – So wendet er sich dem Zeichen des Erdgeistes zu. In diesem Zeichen hat er vor sich ein Sinnbild des ganzen unendlichen Menschenwesens, wie dieses ist durch die Kräfte der Erdenwirksamkeit. Das Sinnbild ruft in seiner Seele die Anschauung wach von allem, was der Mensch an unbegrenzter Wesenheit in sich trägt, was ihn aber betäuben müßte, wenn er es nicht auseinandergezogen in die *Bilder* der im Leben sich offenbarenden Erkenntnis, sondern zusammengezogen in die Wahrnehmung eines einzigen Erkenntnis-Augenblickes empfänge. In der Erscheinung des Erdgeistes tritt vor Faust, was der Mensch in Wirklichkeit ist, was aber betäubend wirkt, wenn es nicht in der abgeschwächten Spiegelung der Erkenntniskräfte in das Bewußtsein eintritt. Gewiß nicht in philosophischer Form, wohl aber in einer lebendigen Erkenntnisempfindung war in Goethe die geistige Angst, welche den Menschen überkommt bei dem Gedanken: was wird mit mir, wenn das Rätsel meines Daseins mir plötzlich anschaulich wird, ich es aber erkennend nicht bewältigen kann!

Goethe hat in seinen Faust nicht etwa nur die Enttäuschungen eines in die Irre gehenden Erkenntnisdranges hineinlegen wollen; er wollte vielmehr die im Wesen des Menschen begründeten Konflikte dieses Dranges selbst darstellen. Der Mensch *ist* in jedem Augenblicke seines Daseins *mehr*, als sich zum Vollbringen seines Lebens enthüllen darf. Der Mensch soll sich entwickeln aus seinem Innern heraus; er soll entfalten, was in vollem Maße zu erkennen ihm erst nach der Entfaltung gegönnt sein kann. Seine Erkenntniskräfte sind so geartet, daß sie selbst zur Unzeit an das herangebracht, was sie zur rechten Zeit bewältigen sollen, durch ihren eigenen Gegenstand betäubt werden können. – Faust lebt in alle dem, was in den Worten des Erdgeists sich offenbart. Aber dieses sein eigenes Wesen betäubt ihn, als es ihm anschaulich vor die Seele tritt in dem Augenblicke, in dem seine Lebensreife, dieses Wesen nicht erkennend, zum Bilde wandeln kann.

> Du gleichst dem Geist, den du begreifst,
> Nicht mir!

Bei diesen Worten stürzt Faust zusammen. Im Grunde hat er *sich* geschaut; aber er kann *sich* nicht gleichen, weil er, was er *ist,* nicht erkennend umfassen kann. Die Selbstanschauung hat das dieser Anschauung nicht gewachsene Bewußtsein betäubt.

Faust stellt die Frage: «Nicht dir! Wem denn?» – Die Antwort wird dramatisch gegeben. Wagner tritt ein. Dieser selbst ist die Antwort auf das «Wem denn?». Seelischer Hochmut war es, der in Faust im Augenblicke das Geheimnis des eigenen Wesens erfassen wollte. Was in ihm lebt, ist zunächst nur das *Streben* nach diesem Geheimnis; das Ebenbild dessen, was er im Augenblicke von sich erkennend umfassen kann, ist Wagner. Man wird die Szene mit Wagner ganz mißverstehen, wenn man nur auf den Gegensatz blickt zwischen dem hochgeistigen Faust und dem beschränkten Wagner. In der Begegnung mit diesem nach der Erdgeistszene sollte Faust begreiflich werden, daß er mit seiner Erkenntniskraft im Grunde auf der Wagnerstufe steht. Dramatisch gedacht ist in der hier in Frage kommenden Szene Wagner das Ebenbild von Faust.

Was durch den Erdgeist sich für Faust nicht in einem Augenblicke offenbaren konnte, es mußte aus der Entwicklung des Lebens sich ergeben. Und Goethe fühlte das Bedürfnis, Faust nicht nur von dem Ausgangspunkte seines etwa vierzigjährigen Lebens aus das weitere Menschendasein vertieft durchmachen zu lassen, sondern, gewissermaßen rückschauend, vor seine Seele auch dasjenige treten zu lassen, dem er sich in seinem abstrakten Erkenntnisstreben entzogen hat. In Wagner stand er sich selbst vor dem Seelenauge. Der Monolog, der sich in dem vollendeten Faust an die Stelle anschließt: «Wie nur dem Kopf nicht alle Hoffnung schwindet ...», enthält in seinen Worten nur Wogen, die aus unterbewußten Seelentiefen heraufschlagen und die zuletzt ausmünden in den Entschluss zu dem Selbstmord. Faust kann in diesem Augenblicke seines Erlebens nur die Gefühlsfolgerung ziehen, daß dem Menschen «alle Hoffnung schwinden» müsse. Vor dieser Gefühls-Schlußfolgerung rettet seine Seele nur, daß das Leben vor seinen Geist zaubert, was vorher an seinem abstrakten Erkenntnisstreben wesenlos vorbeigezogen ist: die Osterfeier des einfachen Menschengemütes und der Osterspaziergang. Während dieser Erlebnisse, die ihm die nicht voll erlebte Jugend wenigstens im Rückblick vor die Seele bringen, wirkt in ihm nach, was er durch die Berührung mit der geistigen Welt, durch die Begegnung mit dem Erdgeist erfahren hat. Durch diese Nachwirkung löst er sich während der Gespräche mit Wagner beim Osterspaziergang von dessen Seelenverfassung los. Wagner bleibt im Gebiete des abstrakten Wissenschaftsstrebens; Faust muß die Seelenerfahrungen, die er gemacht hat, in das unmittelbare Leben hineintragen, auf daß ihm dieses Leben die Macht gibt, eine andere Antwort als Wagner auf die Frage zu bekommen: «Nicht dir! Wem denn?».

Wer wie Faust von der geistigen Welt in ihrer Wirklichkeit berührt worden ist, der muß dem Leben anders gegenüberstehen als derjenige, dem sich nur das Sinnendasein geoffenbart hat und dessen Erkenntnis nur in Vorstellungen besteht, welche von diesem Sinnendasein hergeholt sind. Was Goethe das «Geistesauge» nennt: für Faust ist es durch sein Erlebnis geöffnet. Ihn bringt das Leben noch zu anderen «Überwindungen» als zu derjenigen der Wagner-Wesenheit. Wagner ist auch ein Stück der Menschennatur, die Faust in sich trägt. Er überwindet sie, indem er in sich nachträglich belebt, was er zu beleben in der Jugendzeit versäumt hat. Auch die Belebung des Bibelwortes, die Faust sucht, gehört noch zur Wiedererweckung des Versäumten. Aber eben während dieser Belebung tritt ein anderes «Ebenbild» des eigenen Wesens vor Fausts Seele: der Mephistopheles. Er ist die weitere schwerwiegendere Antwort auf das «Nicht dir! Wem denn?». Ihn hat er durch dasjenige zu *überwinden,* was die Lebenserfahrungen in seiner von der Geisteswelt berührten Seele werden können. Man sündigt gewiß nicht gegen die künstlerische Erfassung des Faustdramas, wenn man in Mephistopheles einen Teil von Fausts Wesen selbst sieht. Denn man behauptet damit nicht, daß Goethe in dem Mephistopheles nicht habe eine vollebendige dramatische Gestalt, sondern nur eine symbolische Figur schaffen wollen. Auch im Leben ist es so, daß der Mensch in anderen Menschen Teile seiner eigenen Wesenheit anschaut. Man erkennt sich an den andern Menschen. Ich behaupte nicht, daß Hans Müller nur ein Symbol für mich ist, wenn ich sage: ich schaue in ihm ein Stück meines eigenen Wesens. Die dramatischen Gestalten des Wagner und des Mephistopheles sind individuell lebensvolle Wesen; was Faust durch sie erlebt, ist Selbstanschauung.

Was steht im Grunde im Fortgange des Faustdramas durch die Schüler-Szene vor der Seele dessen, der dieses Drama auf sich wirken läßt? Doch nichts anderes als die Art, wie Faust seinen Schülern durch dasjenige gegenübertreten kann, was in ihm selbst von Mephistopheles ist. Als das, was in Mephistopheles dem Schüler gegenübertritt, kann sich der Mensch offenbaren, wenn er den Mephistopheles in sich nicht überwindet. Mir scheint allerdings, daß in dieser Szene von einer früheren Ausarbeitung seines Faust Goethe etwas stehen gelassen hat, was er wohl umgearbeitet hätte, wenn er sich überhaupt in eine vollständige Umarbeitung der älteren Teile in den Geist hinein, den jetzt das Ganze zeigt, hätte finden können. Im Sinne *dieses* Geistes müßte, was Mephistopheles mit dem Schüler treibt, auch von Faust erlebt werden. Das ist nicht der Fall. Aber Goethe war bei der früheren Ausarbeitung seines Faust nicht darauf bedacht, alles so dramatisch zu gestalten, daß es in irgendeiner Art auch als Erlebnis des Faust selbst erscheint. Und er hat dann in die letzte Ausgestaltung seiner Dichtung manches einfach herübergenommen, was dem angedeuteten Geiste der späteren dramatischen Gestaltung sich nicht einfügt.

Der Verfasser dieser Ausführungen gehört zu denjenigen Lesern des Faust, die zu dieser Dichtung immer wieder zurückkehren. Bei solchem Rückkehren traten ihm stets als Leser neue Einblicke vor die Seele in das, was Goethe an unermeßlicher Lebenserkenntnis und Lebenserfahrung in seinen Faust hineingelegt hat. Doch wollte es ihm nie glükken, in Mephistopheles trotz dessen dramatischer Lebendigkeit eine einheitliche, innerlich ungebrochene Wesenheit zu erkennen. Er fand es endlich sogar begreiflich, daß die Faustkommentatoren nicht recht wissen, als was sie Mephistopheles eigentlich ansehen sollen. Die Ansicht ist aufgetaucht, Mephistopheles sei kein rechter Teufel, sondern nur ein Diener des Erdgeistes. Dem widerspricht doch wieder, daß Mephistopheles einmal selbst sagt:

> Ich möcht' mich gleich dem Teufel übergeben,
> Wenn ich nur selbst kein Teufel wär'!

Hält man zusammen, was in Mephistopheles sich ausspricht: man kommt eben denn doch nicht zurecht.

Nun hat sich für Goethe im Fortarbeiten an seiner Faustdichtung diese immer mehr an die tiefsten menschlichen Rätselerlebnisse herangerückt. Das Licht, das von diesen Rätselerlebnissen ausströmt, leuchtet überall in die dargestellten Ereignisse seiner Dichtung hinein. In Mephistopheles verkörpert sich, was der Mensch im Laufe einer tieferen Lebenserfahrung zu überwinden hat. Ein innerer Gegner dessen, was der Mensch aus seiner Wesenheit heraus erstreben muß, steht in der Gestalt des Mephistopheles da. – Wer aber die Erlebnisse völlig verfolgt, die Goethe in die Schöpfung des Mephistopheles hineingeheimnißt hat, der kommt nicht auf *einen* solchen geistigen Gegner der Menschennatur, sondern auf *zwei*. Der eine erwächst aus dem Willens- und Gefühlswesen, der andere aus dem Erkenntniswesen des Menschen. Das Willens- und Gefühlswesen strebt danach, den Menschen von der übrigen Welt, in der er Wurzel und Quelle seines Daseins hat, zu isolieren. Es gaukelt dem Menschen vor, daß er seinen Lebensweg gehen könne, indem er sich ganz nur auf sein inneres Wesen stützt. Es täuscht darüber hinweg, daß der Mensch am Weltganzen ein Glied ist, wie ein Finger am Organismus. Daß er sich zum geistigen Tode verurteilt, wenn er sich vom Ganzen der Welt abschnürt, so wie der Finger sich zum physischen Tode verurteilen würde, wenn er getrennt vom Organismus leben wollte. In dem Menschen ist ein elementares Streben nach solcher Abschnürung. Lebensweisheit wird nicht dadurch erworben, daß man sich gegen dieses elementarische Streben blind stellt, sondern dadurch, daß man es in seiner Eigenart überwindet, indem man es verwandelt, so daß es aus einem Gegner zu einem Helfer des Lebens wird. Wer wie Faust von der Geisteswelt berührt worden ist, der muß viel bewußter in den Kampf mit dieser dem Menschenleben gegnerischen Macht verstrickt werden als derjenige, dem solche Berührung fern geblieben ist. Als Wesen dramatisiert kann diese Macht der luziferische Widerpart des Menschen genannt werden. Er wirkt durch die im eigenen Innern der Menschenwesenheit nach Steigerung des Egoismus strebenden Seelenkräfte.

Der andere Gegner der Menschennatur schöpft seine Kraft aus den Täuschungen, denen der Mensch als die Außenwelt wahrnehmendes und vorstellendes Wesen ausgesetzt ist. Das vom Erkennen getragene Erleben der Außenwelt ist von den *Bildern* abhängig, die sich der Mensch von dieser Außenwelt nach der jeweiligen Verfassung seiner Seele, nach dem Gesichtspunkte, auf dem er steht, nach den allermannigfaltigsten andern Vorbedingungen machen kann. In die Entstehung dieser Bilder nistet sich der Geist der Täuschung ein. Er verzerrt das Verhältnis der Wahrheit, in das sich der Mensch ohne dessen Wirksamkeit zur Außenwelt und zur übrigen Menschheit setzen könnte. Er ist zum

Beispiel auch der Geist der Zwietracht und des Streites zwischen Mensch und Mensch. Er bringt die Menschen in solche gegenseitige Abhängigkeiten, die Reue und Gewissensbisse zur Folge haben. Man kann diesen Geist im Anklange an eine Gestalt der persischen Mythe den ahrimanischen Geist nennen. Die persische Mythe legt ihrem Ahriman Eigenschaften bei, die zum Gebrauch dieses Namens berechtigen.

Luziferischer und ahrimanischer Widerpart der Menschenweisheit treten in ganz verschiedener Art an die menschliche Entwicklung heran. Goethes Mephistopheles trägt nun deutlich ahrimanische Züge; und doch lebt in ihm auch das luziferische Element. Eine Faustnatur ist den Versuchungen Ahrimans ebenso wie denjenigen Luzifers in stärkerem Maße ausgesetzt als eine solche, die nicht geistige Erfahrungen gemacht hat. Man könnte sich nun denken, daß Goethe statt des einen Mephistopheles die zwei gekennzeichneten Wesen Faust gegenübergestellt hätte. Faust wäre dann in die eine Art seiner Lebenslabyrinthe durch das eine, in die andere durch das andere geführt worden. So wie Goethe seinen Mephistopheles gekennzeichnet hat, sind in demselben uneinheitlich luziferische und ahrimanische Züge vermengt. Dies verhindert nicht nur den Leser, sich ein einheitliches Bild des Mephistopheles in der Phantasie zu formen, sondern es trat Goethe selbst hindernd in den Weg, wenn er immer wieder von neuem durch sein Leben hindurch den Faden der Faustdichtung fortspinnen wollte. Man verspürt eben einen ganz naturgemäßen Drang, manches, was Mephistopheles tut oder sagt, von einem anderen Wesen getan zu sehen oder gesagt zu hören. Gewiß, Goethe hat die Schwierigkeiten, die sich ihm bei der Fortsetzung seines

Faust entgegengestellt haben, manchem ganz anderen zugeschrieben; in seinem Unterbewußtsein aber wirkte die zwiespältige Wesenheit des Mephistopheles, die es schwierig machte, die Fortführung des Lebenslaufes des Faust in Bahnen zu geleiten, welche durch die dem Leben widerstrebenden Mächte hindurchführen müssen.

Gegen Ausführungen wie diese ergibt sich nur allzuleicht der gewiß billige Einwand, man wolle Goethe korrigieren. Man muß diesen Einwand ertragen im Hinblick auf die Notwendigkeit, Goethes persönliches Verhältnis zu seiner Faustdichtung zu verstehen. Man verfolge doch nur, wie Goethe gegenüber Freunden gerade da über das Erlahmen seiner Schaffenskraft klagt, als er sich anschicken möchte, die «Dichtung seines Lebens» zu Ende zu führen. Man bedenke, daß er im hohen Alter Eckermanns Zuspruch braucht, um sich aufzuraffen, den Plan der Faustfortsetzung, den er als solchen dem dritten Buch von «Wahrheit und Dichtung» einverleiben will, auszuarbeiten. Karl Julius Schröer kann mit Recht* sagen: «Ohne Eckermann hätten wir wohl weiter nichts als den erwähnten Plan, der vielleicht eine Gestalt hätte wie das ‚Schema zur Fortsetzung‘ der ‚natürlichen Tochter‘, das in die Werke aufgenommen ist. Wir wissen, was ein solcher Plan für die Welt ist; ein Betrachtungsgegenstand für den Literarhistoriker, weiter nichts.» – Man hat das Stocken von Goethes Arbeit an seinem Faust allem Möglichen und Unmöglichen zugeschrieben; man hat sich bemüht, die in der Gestalt des Mephistopheles gefühlten Widersprüche in der einen oder der anderen Art «aufzulösen». Der Betrachter Goethes kommt über beides nicht leicht hinweg. Oder soll man sich wirklich zu einem

* Seite XXX der dritten Auflage des zweiten Teiles seiner Faustausgabe.

Bekenntnis herbeilassen, wie es Jakob Minor in seinem übrigens interessanten Buche «Goethes Faust»* ablegt? «Goethe stand ... nahe dem fünfzigsten Jahre; und aus der Zeit der Schweizerreise stammt, soviel ich weiß, der erste Seufzer, den ihm der Gedanke an das herannahende Alter in dem schönen Gedichte ,Schweizeralpe' entlockt hat. Auch bei ihm, dem Ewigjungen, der bisher nur zu schauen und zu gestalten gewohnt war, tritt nun der Gedanke als Vorläufer der Weisheit des Alters mehr in den Vordergrund. Er schematisiert, er rubriziert als echter Sohn des umständlichen Vaters auf der Schweizerreise wie bei seinem Faust.» Man kann doch aus der Betrachtung des Lebens auch die Anschauung gewinnen, daß in einer solchen Dichtung, wie dem Goetheschen Faust, Dinge dargestellt werden müssen, die erst durch die Lebenserfahrung des höheren Alters gewonnen werden können. Müßte selbst bei einem Goethe mit diesem höheren Alter die Dichterkraft versiegen: wie könnte eine solche Dichtung überhaupt entstehen?

So paradox es mancher Gesinnung auch erscheinen mag: eine ernste Betrachtung des persönlichen Verhältnisses Goethes zu seinem Faust und eine solche der Gestalt des Mephistopheles scheinen dazu zu drängen, in der letzteren einen inneren Grund zu sehen für die Schwierigkeiten, die Goethe seiner Lebensdichtung gegenüber empfunden hat. Die Zwiespältigkeit der Mephistophelesfigur wirkte in den Untergründen seiner Seele; sie trat nicht herauf über die Schwelle seines Bewußtseins. Da aber die Erlebnisse des Faust Spiegelungen der Taten des Mephistopheles enthalten müssen, so stellten sich stets Hemmungen ein, wenn der Lebenslauf des Faust dramatisch fortgeführt werden sollte,

* 2.Band, S. 28.

und aus dem Wirken des uneinheitlichen Widersachers nicht die rechten Impulse für eine solche Fortführung sich ergeben wollten.

*

Der «Prolog im Himmel», der jetzt mit der «Zueignung» und dem «Vorspiel auf dem Theater» den ersten Teil von Goethes Faust einleitet, ist erst 1797 gedichtet. Aus den Verhandlungen, die Goethe über seine Dichtung mit Schiller geführt hat, und deren Niederschlag sich in dem Briefwechsel der beiden findet, kann man ersehen, daß er um diese Zeit die Grundkräfte umgedacht hat, als deren Offenbarung das Leben des Faust erscheint. Bis dahin erfließt für die Anschauung dessen, was an Faust sich zeigt, alles aus dessen nach Lebensvollendung und Lebensweitung drängenden Seelen-Inneren. Man sieht keine anderen Impulse als diese inneren. Durch den «Prolog im Himmel» wird Faust als strebender Mensch in den ganzen Weltzusammenhang hineingestellt. Die geistigen Mächte, welche die Welt in Wirksamkeit versetzen und erhalten, zeigen sich in ihrer Entfaltung; und in ihr Zusammen- und Gegeneinanderwirken ist das Leben des Faust hineingestellt. So wird wenigstens für das Bewußtsein des Dichters und des Lesers Fausts Wesenheit in den Makrokosmos hineinversetzt, in den sich der Faust des jungen Goethe durch seine Erkenntnis nicht hineinstellen wollte. Mephistopheles tritt unter den wirkenden Weltenwesen «im Himmel» auf. Aber gerade da tritt auch das zwiespältige Wesen des Mephistopheles deutlich in die Erscheinung.

> Von allen Geistern, die verneinen,
> Ist mir der Schalk am wenigsten zur Last,

sagt der «Herr». Es müßte also noch andere Geister, die «verneinen», im Weltenkampfe geben. Und wie stimmt es zu der Bemühung des Mephistopheles am Schluß des zweiten Teiles des Faust um den Leichnam, wenn er sich hier «im Himmel» so äußert:

Am meisten lieb' ich mir die vollen frischen Wangen.
Für einen Leichnam bin ich nicht zu Haus.

Man denke sich: statt des einen Mephistopheles stünden ein luziferischer und ein ahrimanischer Geist dem «Herrn» gegenüber im Kampf um den Faust. Ein ahrimanischer muß sich um den «Leichnam» bemühen, denn er ist der Geist der Täuschung. Geht man den Quellen der Täuschung nach, so findet man, daß sie mit dem zusammenhängen, was als das Sterblich-Materielle schon im Leben des Menschen wirkt. Die Erkenntniskräfte, welche sich regen in demselben Maße, in dem diejenigen Impulse in ihm auftauchen, die zuletzt den Tod herbeiführen, unterliegen der ahrimanischen Täuschung. Die Willens- und Gefühlsimpulse wirken diesen Kräften entgegen. Sie hängen zusammen mit dem sprießenden, wachsenden Leben. Sie sind in Kindheit und Jugend am mächtigsten. Sie treten im Alter in dem Grade lebhafter auf, als sich der Mensch die Antriebe der Jugend in dieses Alter hinüberrettet. Sie bergen die luziferische Abirrung in sich. Luzifer kann sagen: ich liebe mir die «vollen frischen Wangen»; Ahriman muß für einen Leichnam «zu Hause» sein. Und der «Herr» kann zu Ahriman sagen: «Von allen Geistern, die verneinen, ist mir der Schalk am wenigsten zur Last.» Denn die Schalk-Natur ist mit der Täusche-Natur verwandt. Und für das «Ewige» im Menschen ist die das Materiell-Vergängliche beherrschende Ahrimanwesenheit weniger bedeutend als die andere «verneinende» Wesenheit, die innig mit dem Wesenskern des Menschen verknüpft ist. Nicht eine Phantasie-Willkür ist es, was in Mephistopheles eine Zwienatur empfindet, sondern das selbstverständliche Fühlen eines zwiefach Wesenhaften in der menschlichen Welt- und Lebensgestaltung. Goethe muß etwas in seinem Unterbewußtsein empfunden haben, das ihn ahnen ließ: ich bringe den Gegensatz Faust-Mephistopheles vor die universale Lebensgestaltung; aber diese will zu diesem Gegensatz nicht stimmen.

Wäre, was hier gesagt ist, im Sinne der pedantisch bedenklichen Forderung gemeint: Goethe hätte den Mephistopheles anders zeichnen sollen, so könnte es ganz leicht widerlegt werden. Man brauchte nur darauf hinzuweisen, wie in Goethes Phantasie diese Gestalt aus der Überlieferung der Faustsage, aus der deutschen und nordischen Mythologie als eine einheitliche hervorgegangen ist und hervorgehen mußte. Und gegen das Aufzeigen von «Widersprüchen» in einer lebendigen Gestalt könnte man, abgesehen davon, daß, was lebensvoll ist, gerade das «Leben mit seinen Widersprüchen» enthalten muß, sich an Goethes klares Wort halten: «Wenn durch die Phantasie nicht Dinge entstünden, die für den Verstand ewig problematisch bleiben, so wäre überhaupt zu der Phantasie nicht viel. Dies ist es, wodurch sich die Poesie von der Prosa unterscheidet.» – Nein, auf diesem Felde liegt das nicht, was hier gemeint ist. Aber unbestreitbar ist, was Karl Julius Schröer* sagt: «Großartig spielend, mit überlegenem Humor scherzend, meisterhaft charakterisierend bei fortwährend durchblickendem tiefen Hintergrunde höchster Fragen der Mensch-

* Seite XCIV der dritten Auflage des zweiten Teiles seiner Faustausgabe.

heit ... hebt uns die Dichtung endlich zur Andacht hehrster Empfindungen empor ...» Das ist es, worauf es ankommt: was in seiner Faustdichtung vor Goethes Phantasie stand, das erschien ihm auf dem «fortwährend durchblickenden tiefen Hintergrunde höchster Fragen der Menschheit». Die Gesinnung, aus welcher in gründlicher Goethe-Erkenntnis und edler Liebe zu Goethes Art Schröer dies vorbringt, kann gewiß nicht angefochten werden, da Schröer jedenfalls nicht vorgeworfen werden kann, er wolle die Dichtung Goethes im Sinne einer abstrakten Ideenentwicklung erklären. – Aber, weil Goethe den Hintergrund höchster Fragen der Menschheit vor der Seele hatte, erweiterte sich für seinen Geistesblick die überlieferte Gestalt des «nordischen Teufels» zu jener zwiespältigen Wesenheit, zu welcher der ernste Betrachter des Lebens und der Welt nun einmal geführt wird, wenn er erkennend *schaut,* wie die Menschenwesenheit in das Ganze des Weltalls hineingestellt ist.

Die Mephistopheles-Gestalt, welche Goethe vorschwebte, als er seine Dichtung begann, war angemessen der Abwendung des Faust von dem Sinne des Makrokosmos. Die Seelenkonflikte, die sich da aus seinem Innern erhoben, führten zu einem Kampf gegen die gegnerische Macht, welche den Menschen im Innern anfaßt und die einen luziferischen Charakter hat. Aber Goethe war genötigt, seinen Faust auch in den Kampf mit den Mächten der Außenwelt einzuführen. Je mehr er sich der Ausführung des zweiten Teiles des Faust näherte, um so mehr empfand er diese Notwendigkeit. Und in der «Klassischen Walpurgisnacht», die zur wirklichen Begegnung des Faust mit Helena führen sollte, treten Weltenmächte, tritt makrokosmisches Geschehen in Zusammenhang mit den Erlebnissen des Menschen. Indem Mephistopheles in diesen Zusammenhang eingreift, muß er einen ahrimanischen Charakter annehmen. Goethe hatte sich durch seine naturwissenschaftliche Weltanschauung die Brücke gebaut, über die er Weltgeschehen in die Menschenentwicklung herüberbringen konnte. Er hat das getan in seiner «Klassischen Walpurgisnacht». Deren dichterischen Wert wird man erst erkennen, wenn man voll durchschauen wird, wie in diesem Gebiete des Faust es Goethe gelungen ist, Naturanschauungen künstlerisch so ganz zu bezwingen, daß an ihnen kein begrifflich-abstrakter Rest bleibt, sondern alles in das Bild, in die phantasiegemäße Gestaltung eingeflossen ist. Es ist nur ästhetischer Aberglaube, wenn man der «Klassischen Walpurgisnacht» vorwirft: sie enthalte einen peinlichen Rest abstrakter naturwissenschaftlicher Theorien. Und in vielleicht noch größerem Maße ist in dem gewaltigen Schlußbild des fünften Aktes des zweiten Teiles die Brücke geschlagen zwischen übersinnlichem All-Geschehen und Menschen-Erlebnis.

Es scheint keinem Zweifel unterworfen: Goethes Geistesart nahm im Laufe seines Lebens eine Entwicklung, durch die ihm die zwiespältige Wesenheit der dem Menschen gegnerischen Weltmächte vor das Seelenauge trat, und er hat die Notwendigkeit empfunden, im Fortgange seiner Faustschöpfung deren Anfang selbst zu überwinden, indem das *Leben* den Faust dem Makrokosmos zuwendet, von dem er sich erst einst durch die einseitige *Erkenntnis* abgewendet hat.

Welch Schauspiel! aber ach! ein Schauspiel nur!

In das Schauspiel traten aber die Kräfte des umfassenden Weltgeschehens ein. Es wurde *Leben,* weil Faust nach Zielen strebt, die den Menschen durch den Lebenskampf in seinem Innern zum Konflikte mit den Mächten führen, welche ihn als Glied des Weltganzen kämpfend, aber den Kampf aufnehmend erscheinen lassen.

III

GOETHES GEISTESART
IN IHRER OFFENBARUNG DURCH SEIN «MÄRCHEN VON DER GRÜNEN SCHLANGE UND DER LILIE»

Diese Ausführungen sind eine Neu-Bearbeitung meines Aufsatzes «Goethes geheime Offenbarung», der 1899 zu Goethes hundertfünfzigstem Geburtstage im «Magazin für Literatur» erschienen ist.

Schiller war um die Zeit, in der seine Freundschaft mit Goethe begann, mit den Ideen beschäftigt, die in seinen «Briefen über ästhetische Erziehung des Menschen» ihren Ausdruck gefunden haben. Er arbeitete diese ursprünglich für den Herzog von Augustenburg geschriebenen Briefe 1794 für die Horen um. Was Goethe und Schiller damals mündlich verhandelten und was sie sich schrieben, schloß sich immer wieder, der Gedankenrichtung nach, an den Ideenkreis dieser Briefe an. Schillers Nachsinnen betraf die Frage: Welcher Zustand der menschlichen Seelenkräfte entspricht im besten Sinne des Wortes einem menschenwürdigen Dasein? « Jeder individuelle Mensch, kann man sagen, trägt, der Anlage und Bestimmung nach, einen reinen, idealischen Menschen in sich, mit dessen unveränderlicher Einheit in allen seinen Abwechselungen übereinzustimmen die große Aufgabe seines Daseins ist.»* Eine Brücke will Schiller schlagen von dem Menschen der alltägigen Wirklichkeit zu dem idealischen Menschen. Zwei Triebe sind in der Menschennatur vorhanden, die diese von der idealischen Vollkommenheit zurückhalten, wenn sie in *einseitiger* Art zur Entwicklung kommen: der *sinnliche* und der *vernünftige* Trieb. Hat der sinnliche Trieb die Oberhand, so unterliegt der Mensch seinen Instinkten und Leidenschaften. In die Betätigung, die von seinem Bewußtsein durchhellt ist, mischt sich eine dieses Bewußtsein trübende Kraft. Sein Tun wird

* So schreibt Schiller im vierten Briefe.

das Ergebnis einer inneren Nötigung. Überwiegt der vernünftige Trieb, so ist der Mensch bestrebt, Instinkte und Leidenschaften zu unterdrücken und einer abstrakten, von innerer Wärme nicht getragenen Notwendigkeit sich zu übergeben. In beiden Fällen ist der Mensch einem Zwange unterworfen. Im erstern bezwingt seine sinnliche Natur die geistige; im zweiten die geistige seine sinnliche. Weder das eine, noch das andere gibt dem Menschen im Kerne seines Wesens, der zwischen Sinnlichkeit und Geistigkeit in der Mitte liegt, völlige Freiheit. Diese ist nur durch eine Harmonie der beiden Triebe zu verwirklichen. Die Sinnlichkeit soll nicht unterdrückt, sondern veredelt werden; die Instinkte und Leidenschaften sollen sich mit der Geistigkeit durchdringen, so daß sie selbst die Verwirklicher des in sie eingegangenen Geistigen werden. Und die Vernunft soll das Seelische im Menschen so ergreifen, daß sie dem bloß Instinktiven und Leidenschaftlichen seine Gewalt nimmt, und der Mensch das, was Vernunft ihm rät, wie selbstverständlich aus Instinkt und mit der Kraft der Leidenschaft vollbringt. «Wenn wir jemand mit Leidenschaft umfassen, der unsrer Verachtung würdig ist, so empfinden wir peinlich die *Nötigung der Natur*. Wenn wir gegen einen andern feindlich gesinnt sind, der uns Achtung abnötigt, so empfinden wir peinlich die *Nötigung der Vernunft*. Sobald er aber zugleich unsre Neigung interessiert und unsre Achtung sich erworben, so verschwindet sowohl der Zwang der Empfindung, als der Zwang der Vernunft, und wir fangen an, ihn zu lieben.» Ein Mensch, der in seiner Sinnlichkeit die Geistigkeit der Vernunft, in seiner Vernunft die elementarische Kraft der Leidenschaft offenbart, wäre eine *freie Persönlichkeit*. Auf die Entwicklung der freien

Persönlichkeiten möchte Schiller das harmonische Zusammenleben in der menschlichen Gesellschaft begründen. Mit der Frage nach einem wahrhaft menschenwürdigen Dasein verband sich ihm diejenige nach der Gestaltung des menschlichen Zusammenlebens. Das war *seine* Antwort auf die Fragen, die in der Zeit, als er diese Gedanken ausgestaltete, den Menschen durch die französische Revolution gestellt waren.*

Goethe fand sich durch solche Ideen tief befriedigt. Er schreibt über die ästhetischen Briefe am 26. Oktober 1794 an Schiller: «Das mir übersandte Manuskript habe ich sogleich mit großem Vergnügen gelesen; ich schlürfte es auf einen Zug hinunter. Wie uns ein köstlicher, unsrer Natur analoger Trunk willig hinunterschleicht und auf der Zunge schon durch gute Stimmung des Nervensystems seine heilsame Wirkung zeigt, so waren mir diese Briefe angenehm und wohltätig, und wie sollte es anders sein, da ich das, was ich für recht seit langer Zeit erkannte, was ich teils lebte, teils zu leben wünschte, auf eine so zusammenhängende und edle Weise vorgetragen fand.»

Was Goethe zu leben wünschte, um sich eines wahrhaft menschenwürdigen Daseins bewußt sein zu dürfen, fand er in Schillers ästhetischen Briefen ausgesprochen. Begreiflich ist es daher, daß auch in seiner Seele Gedanken angeregt wurden, die er auf seine Art in der Richtung der Schillerschen auszugestalten suchte. Aus diesen Gedanken heraus ist die Dichtung erwachsen, die so mannigfaltige Auslegungen gefunden hat: Das Rätselmärchen, mit dem Goethe seine in den Horen erschienene Erzählung «Unterhaltungen deutscher Ausgewanderten» schloß, und das im Jahre 1795 in

* Siebenundzwanzigster Brief.

den «Horen» erschienen ist. Auch diese «Unterhaltungen» knüpfen wie Schillers ästhetische Briefe an die französischen Zustände an. Man wird das ihren Schluß bildende «Märchen» nicht erklären dürfen, indem man von außen allerlei Ideen in dasselbe hineinträgt, sondern indem man zurückgeht auf die Vorstellungen, die damals in Goethes Seele lebten.

Die größte Zahl der unternommenen Auslegungsversuche dieser Dichtung findet man verzeichnet in dem Buche «Goethes Märchendichtungen» von Friedrich Meyer von Waldeck.* Seit dem Erscheinen dieses Buches sind allerdings einige neuere Erklärungsversuche zu den früheren hinzugekommen.**

Man wird die Keim-Gedanken zu dem «Märchen» in den «Unterhaltungen» suchen müssen, deren Abschluß es bildet. Goethe stellt in diesen «Unterhaltungen» die Flucht einer Familie aus den mit Kriegsverheerungen belasteten Gegenden dar. In den Gesprächen, die sich zwischen den Glie-

---

* Heidelberg, Karl Wintersche Universitätsbuchhandlung [1879].

** Ich habe in den Geist des Märchens aus den Voraussetzungen der Goetheschen Gedankenwelt vom Anfang der neunziger Jahre des achtzehnten Jahrhunderts einzudringen versucht und habe, was sich mir ergeben hat, zuerst in einem Vortrage ausgesprochen, den ich am 27. November 1891 im Wiener Goetheverein gehalten habe. Was ich damals gesagt habe, hat sich mir seither nach den verschiedensten Richtungen erweitert. Aber alles, was ich seither über das «Märchen» habe drucken lassen oder mündlich ausgesprochen habe, ist nur eine weitere Ausgestaltung der in jenem Vortrage ausgesprochenen Gedanken. Auch mein 1910 erschienenes Mysteriendrama «Die Pforte der Einweihung» ist eine Frucht jener Gedanken.

dern dieser Familie abspielen, lebt auf, was in Goethes Vorstellungskreisen durch den Austausch der gekennzeichneten Ideen mit Schiller damals angeregt war. Die Gespräche drehen sich um zwei Gedankenmittelpunkte. Von dem einen werden alle die Vorstellungen des Menschen beherrscht, durch welche dieser in den Ereignissen, die in sein Leben eingreifen, einen Zusammenhang zu bemerken glaubt, der sich aus den Gesetzen der sinnlichen Wirklichkeit nicht durchdringen läßt. Die Geschichten, welche da erzählt werden, sind zum Teil reine Gespenstergeschichten, zum Teil solche, in denen Erlebnisse zur Darstellung kommen, die an Stelle des naturgesetzlichen Zusammenhanges einen «wunderbaren» zu verraten scheinen. Goethe hat diese Schilderungen wahrlich nicht aus einer Hinneigung zu irgendeiner Art von Aberglauben verfaßt, sondern aus einem viel tieferen Antrieb heraus. Die angenehm-mystische Empfindung, die manche Menschen haben, wenn sie von etwas hören können, das doch die «beschränkte», auf gesetzmäßige Zusammenhänge gehende Vernunft «nicht erklären kann», lag ihm ganz ferne. Aber er sah sich immer wieder vor die Frage gestellt: Gibt es für die Menschenseele nicht eine Möglichkeit, sich von den Vorstellungen, die nur aus der sinnlichen Wahrnehmung kommen, zu befreien und in einem rein geistigen Anschauen eine übersinnliche Welt zu ergreifen? Es könnte ja wohl der Drang nach einer solchen Betätigung des Erkenntnisvermögens ein naturgemäßes menschliches Streben darstellen, das auf einem für die Sinne und den auf diese gestützten Verstand verborgenen Zusammenhang mit einer solchen Welt beruht. Und die Neigung zu Erlebnissen, welche den natürlichen Zusammenhang zu durchbrechen scheinen, könnte nur eine kindliche Abirrung von dieser berechtigten menschlichen Sehnsucht nach einer geistigen Welt sein. Goethe interessierte sich vielmehr für die Richtung, welche die Seelentätigkeit bei ihrer Neigung zum abergläubisch Gehätschelten nimmt, als für den Inhalt der Erzählungen, die bei kindlichen Gemütern aus einer solchen Neigung hervorgehen.

Der zweite Gedankenmittelpunkt strahlt die Vorstellungen aus, welche das moralische Menschenleben betreffen, für das der Mensch seine Antriebe nicht aus der Sinnlichkeit, sondern aus Impulsen schöpft, die ihn über das hinausheben, was die Sinnlichkeit in ihm anregt. Auf diesem Gebiete ragt ja eine übersinnliche Kräftewelt in das Seelenleben des Menschen herein.

Von beiden Gedankenmittelpunkten aus gehen Strahlen, welche im Übersinnlichen endigen müssen. Und von ihnen aus wird die Frage nach dem inneren Menschenwesen angeregt, nach dem Zusammenhange der Menschenseele mit der sinnlichen Welt einer- und der übersinnlichen andrerseits. Schiller trat dieser Frage philosophisch in seinen ästhetischen Briefen nahe; für Goethe war der abstrakt-philosophische Weg nicht gangbar; er mußte das, was er in dieser Richtung zu sagen hatte, im *Bilde* verkörpern. Und das geschah durch das «Märchen von der grünen Schlange und der Lilie». In Goethes Phantasie gestalteten sich die mannigfaltigen menschlichen Seelenkräfte zu Märchenpersonen, und in den Erlebnissen und dem Zusammenwirken dieser Personen verbildlicht sich das ganze menschliche Seelenleben und Seelenstreben. – Wenn man dergleichen ausspricht, hat man von einer gewissen Seite her sogleich den Einwand zu gewärtigen: aber dadurch wird eine Dichtung doch aus dem künstlerischen Phantasiereiche herausgehoben und zur unkünstlerischen Verbildlichung abstrakter Begriffe, die Figuren werden aus dem echten Leben herausgenommen und zu unkünstlerischen Symbolen oder gar Allegorien gemacht. Solch ein Einwand beruht auf der Vorstellung, daß in der Menschenseele nur abstrakte Ideen leben können, sobald sie das Gebiet des Sinnlichen verläßt. Er verkennt, daß es eine lebensvolle *übersinnliche* Anschauung gibt ebenso wie eine sinnliche. Und Goethe bewegt sich mit seinen Personen im «Märchen» nicht im Reiche abstrakter Begriffe, sondern übersinnlicher Anschauungen. Was hier über diese Personen und ihre Erlebnisse gesagt werden wird, ist durchaus nicht so gemeint, daß behauptet würde: das eine *bedeute* das; das andere jenes. Solche Hinneigung zu symbolischer Ausdeutung liegt diesen Betrachtungen so ferne wie nur möglich. Für sie ist im «Märchen» der Alte mit der Lampe, sind die Irrlichter und so weiter nichts anderes als die Phantasiegestaltungen, als die sie in der Dichtung auftreten. Aber gesucht werden soll, durch welche Gedankenimpulse die Phantasie des Dichters belebt wird, um solche Gestalten zu schaffen. Diese Gedankenimpulse brachte sich Goethe ganz gewiß nicht in einer abstrakten Form zum Bewußtsein. Weil sie seiner Geistesart in dieser Form zu inhaltsarm erschienen wären, drückte er sich eben durch Gestalten der Phantasie aus. Der Gedankenimpuls waltet in den Untergründen von Goethes Seele, dessen Frucht ist die Phantasiegestalt. Die Zwischenstufe als Gedanke lebt nur unterbewußt in seiner Seele und gibt der Phantasie die Richtung. Der Betrachter des Goetheschen «Märchens» braucht den Gedankengehalt; denn der allein kann seine Seele so stimmen, daß sie in nachschaffender Phantasie den Wegen der schöpferischen Goetheschen folgt. Es ist das

Sichhineinversetzen in diesen Gedankengehalt nichts anderes als gewissermaßen das Aneignen der Organe, durch die der Betrachter sich in dieselbe Luft versetzen kann, in der Goethe geistig geatmet hat, als er das «Märchen» schuf. Es ist die Einstellung des Blickes auf die menschliche Seelenwelt, auf die Goethe geblickt hat, und aus deren Walten ihm – anstatt philosophischer Ideen – lebendige Geistgestalten entgegensprangen. Was in diesen Geistgestalten lebt, es lebt in der menschlichen Seele.

Die Vorstellungsart, die das «Märchen» durchdringt, sie klingt schon in den «Unterhaltungen» an. In den Gesprächen, von denen da erzählt wird, lenkt sich die menschliche Seele auf die zwei Weltgebiete hin, zwischen die sich der Mensch im Leben gestellt sieht: das sinnliche und das übersinnliche. Sich zu beiden Gebieten in das rechte Verhältnis zu bringen, strebt die tiefere Menschennatur an, zur Erringung einer freien, menschenwürdigen Seelenverfassung und zur Ausgestaltung eines harmonischen Zusammenlebens von Mensch zu Mensch. Goethe hat empfunden, daß in den «Unterhaltungen» selbst nicht voll zum Ausdrucke gekommen war, was er über die Beziehung des Menschen zu den beiden Weltgebieten hat aus den Erzählungen herausleuchten lassen. Er hatte das Bedürfnis, in dem umfassenden Märchengemälde die menschlichen Seelenrätsel, auf die sein Blick gerichtet war, näher an die unermeßlich reiche Welt des Geisteslebens heranzubringen. – Das Streben nach dem wahrhaft menschenwürdigen Zustand, auf den Schiller deutet, den Goethe zu leben wünschte, verkörpert sich ihm durch den Jüngling im «Märchen». Dessen Vermählung mit der Lilie, der Verwirklicherin des Freiheitsreiches, ist die Verbindung mit den in der Menschenseele schlummernden Kräften, die zum wahren inneren Erleben der freien Persönlichkeit führen, wenn sie erweckt werden.

*

Eine Person, die für die Entwicklung der Vorgänge im «Märchen» eine bedeutungsvolle Rolle spielt, ist der Alte mit der Lampe. Als er mit seiner Lampe in die Felsklüfte kommt, wird er gefragt, welches das wichtigste der Geheimnisse sei, die er wisse. Er antwortet: «Das offenbare». Und auf die Frage, ob er dieses Geheimnis nicht verraten könne, sagt er: Wenn er das vierte wisse. Dieses vierte aber kennt die grüne Schlange. Und sie sagt es dem Alten ins Ohr. Es kann keinem Zweifel unterliegen, daß dieses Geheimnis sich auf den Zustand bezieht, nach dem sich alle im «Märchen» vorkommenden Personen sehnen. Dieser Zustand wird am Schluß des «Märchens» geschildert. Er drückt im Bilde aus, wie die Menschenseele ihre Verbindung eingeht mit den in ihren Untergründen waltenden Kräften, und wie dadurch ihr Verhältnis zum Übersinnlichen – dem Reich der Lilie – und dem sinnlichen – dem Reich der grünen Schlange – so geregelt wird, daß sich diese Seele mit ihren Erlebnissen und ihrem Tun in freier Art von dem einen und dem andern Gebiete anregen läßt, so daß sie im Verein mit den beiden ihr wahres Wesen verwirklichen könne. Man muß annehmen, daß der Alte den Inhalt dieses Geheimnisses kennt; denn er ist ja die einzige Person, die immer über den Verhältnissen steht, diejenige, von deren Lenkung und Leitung alles abhängt. Was also kann die Schlange dem Alten sagen? Er weiß, daß sie sich aufopfern muß, wenn der ersehnte Endzustand herbeigeführt werden soll. Aber *dieses* sein Wissen ist nicht entscheidend. Er muß mit diesem Wissen warten, bis die Schlange aus den Tiefen ihres Wesens heraus zu dem Entschlusse der Aufopferung sich reif findet. – Im Umfange des menschlichen Seelenlebens gibt es eine Kraft, von welcher die Entwicklung der Seele getragen wird zu dem Zustande der freien Persönlichkeit. Diese Kraft hat ihre Aufgabe auf dem *Wege* zu diesem Zustand. Wäre dieser erreicht, so verlöre sie ihre Bedeutung. Sie bringt die Menschenseele mit den Lebenserfahrungen in Zusammenhang. Sie verwandelt, was Wissenschaft und Leben offenbaren, in innere Lebensweisheit. Sie macht die Seele immer reifer für das ersehnte Geistesziel. An diesem verliert sie ihre Bedeutung, denn sie stellt das Verhältnis des Menschen zur Außenwelt her. Am Ziele aber sind alle äußeren Impulse in innere Seelenantriebe verwandelt. Da muß diese Kraft sich aufopfern; sie muß ihre Wirksamkeit einstellen; sie muß als das übrige Seelenleben durchsetzendes Ferment ohne Eigenleben im verwandelten Menschen weiter bestehen. Goethes Geistesauge war insbesondere auf diese Kraft im Menschenleben hingerichtet. Er sah sie wirksam in den Erfahrungen des Lebens und in denjenigen der Wissenschaft. Er wollte sie da angewendet wissen, ohne daß man sich durch vorgefaßte Meinungen oder Theorien ein abstraktes Ziel setzt. Dieses Ziel muß sich erst aus den Erfahrungen heraus ergeben. Wenn diese ausgereift sein werden, sollen sie das Ziel aus sich gebären. Sie sollen nicht durch ein voraus bestimmtes Ende verstümmelt werden. Diese Seelenkraft ist in der grünen Schlange verkörpert. Sie nimmt das Gold auf, die Weisheit, die aus den Erfahrungen des Lebens und der Wissenschaft stammt, und die von der Seele angeeignet werden muß, so daß Weisheit und Seele *eins* werden. Diese Seelenkraft wird sich zur rechten Zeit opfern; sie wird den Menschen an sein Ziel, die freie Persönlichkeit, bringen. *Daß* sie sich opfern will, sagt die Schlange dem Alten ins Ohr. Sie vertraut ihm damit ein Geheimnis an, das ihm offenbar ist, das ihm aber trotzdem wertlos ist, so lange es sich nicht durch den freien Entschluß der Schlange verwirklicht. Wenn die gekennzeichnete Seelenkraft in dem Menschen so spricht wie die Schlange zu dem Alten, dann *ist es* für die Seele «*an der Zeit*», die Lebenserfahrung als Lebensweisheit zu erleben, die ein harmonisches Verhältnis vom Sinnlichen zum Übersinnlichen herstellt.

Das ersehnte Ziel wird herbeigeführt durch die Wiederbelebung des zur Unzeit von dem Übersinnlichen – der Lilie – berührten und daher gelähmten und ertöteten Jünglings; durch seine Vereinigung mit der Lilie, wenn die Schlange, die Lebenserfahrung der Seele, sich geopfert hat. Dann ist auch die Zeit gekommen, in der die Seele in sich die Brücke bilden kann zwischen dem diesseitigen und jenseitigen Gebiet des Flusses. Diese Brücke entsteht aus dem Stoffe der Schlange selbst. Die Lebenserfahrung führt fortan kein Eigenleben; sie ist nicht mehr, wie vorher, bloß auf die äußere Sinneswelt gerichtet. Sie ist innere Seelenkraft geworden, die man als solche bewußt nicht übt, sondern die nur wirkt, indem sich Sinnliches und Übersinnliches im Menschen-Innern gegenseitig erleuchten und erwärmen. – Wenn nun auch die Schlange die Urheberin dieses Zustandes ist, sie könnte allein dem Jüngling doch nicht die Gaben verleihen, durch die ihm möglich wird, das neugegründete Seelenreich zu beherrschen. Die empfängt er von den drei Königen. Von dem ehernen erhält er das Schwert mit dem Auftrag: «Das Schwert zur Linken; die Rechte frei.» Der silberne König gibt ihm das Zepter, indem er den Satz spricht:

«Weide die Schafe.» Der goldene König drückt ihm den Eichenkranz aufs Haupt mit den Worten: «Erkenne das Höchste.» Der vierte König, der in Mischung die drei Metalle Kupfer, Silber und Gold enthält, sinkt zum wesenlosen Klumpen zusammen. – In dem Menschen, der auf dem Wege zur freien Persönlichkeit ist, sind drei Seelenkräfte in Mischung wirksam: der Wille (das Kupfer), das Fühlen (Silber), die Erkenntnis (Gold). Die Lebenserfahrung gibt im Laufe des Daseins aus ihren Offenbarungen, was die Seele sich durch diese drei Kräfte aneignet: die Macht, durch welche die Tugend wirkt, offenbart sich dem Willen; die Schönheit (der schöne Schein) offenbart sich dem Fühlen; die Weisheit offenbart sich dem Erkennen. Was den Menschen abtrennt von der «freien Persönlichkeit», das ist, daß diese drei in Mischung in seiner Seele wirken; er wird die freie Persönlichkeit in dem Maße erringen, als er mit vollem Bewußtsein die Gaben der drei in ihrer besonderen Eigenart, jede für sich, empfängt und sie erst – in freier bewußter Betätigung – in seiner Seele *selbst* vereinigt. Dann zerfällt in sich, was ihn vorher bezwungen hat, die chaotische Mischung der Gaben des Wollens, Fühlens und Erkennens.

Der König der Weisheit ist aus Gold. Wo das Gold im «Märchen» auftritt, verkörpert es die Weisheit in irgendeiner Form. Wie die Weisheit in der sich zuletzt opfernden Lebenserfahrung wirkt, ist bereits angedeutet. Aber auch die Irrlichter bemächtigen sich des Goldes in ihrer Art. Der Mensch trägt in sich eine Seelenanlage – und sie kommt bei manchen Personen in einseitiger Art zur Entfaltung, so daß sie ihr ganzes Wesen auszufüllen scheint –, durch die er sich aneignet, was Leben und Wissenschaft an Weisheit verleihen. Aber diese Seelenanlage strebt nicht darnach, die Weisheit ganz mit dem Leben der Seele zu vereinigen; sie bleibt als einseitiges Wissen, als Mittel, dieses oder jenes zu behaupten oder zu kritisieren, bestehen; sie dient dazu, die Person glänzen zu lassen, oder diese Person im Leben in einseitiger Weise zur Geltung zu bringen. Sie strebt auch nicht darnach, sich durch die Verbindung mit dem, was die äußere Erfahrung bietet, in Ausgleich zu bringen. Sie wird zum Aberglauben, den Goethe in den Gespenstergeschichten der «Ausgewanderten» zur Darstellung brachte, weil sie nicht darnach strebt, sich in Einklang zu versetzen mit dem Naturgemäßen. Sie wird zur Lehre, bevor sie im Seelen-Innern Leben geworden ist. Sie ist, was falsche Propheten und Sophisten durch das Leben tragen möchten. Sie ist weit entfernt davon, den Goetheschen Lebensgrundsatz sich zu eigen zu machen: Man muß seine Existenz aufgeben, um zu existieren. Die Schlange, die selbstlose, in Liebe zur Weisheit, in erlebter Weisheit entwickelte Lebenserfahrung, gibt ihre Existenz auf, um die Brücke zu bilden zwischen der Sinnlichkeit und der Geistigkeit.

Der Jüngling wird durch ein unbezwingliches Verlangen nach dem Reich der schönen Lilie gedrängt. Welches sind die Kennzeichen dieses Reiches? Die Menschen können, trotzdem sie die tiefste Sehnsucht nach dem Gebiet der Lilie haben, doch nur zu bestimmten Zeiten in dasselbe gelangen, bevor die Brücke gebaut ist. Zur Mittagszeit bildet die Schlange, auch schon vor ihrer Opferung, eine vorläufige Brücke in das Gebiet des Übersinnlichen. Und abends und morgens kann man über den Schatten des Riesen hinüberkommen über den Fluß – die Vorstellungs- und Gedächtniskraft –, der das Sinnliche von dem Übersinnlichen trennt.

77

Jemand, der sich der Beherrscherin des übersinnlichen Reiches nähert, ohne dazu die innere Eignung zu besitzen, muß an seinem Leben so Schaden nehmen wie der Jüngling. Auch hat die Lilie das Verlangen nach dem andern Reiche. Es kann der Fährmann, der die Irrlichter über den Fluß gefahren hat, jeden herüber-, aus dem Übersinnlichen, niemand hinüberbringen.

Wer von dem Übersinnlichen berührt sein will, muß erst sein Inneres durch Lebenserfahrung an dieses Übersinnliche, das nur in Freiheit ergriffen werden kann, herangearbeitet haben. Goethe spricht in den «Sprüchen in Prosa» seine auf dieses zielende Überzeugung aus: «Alles, was unsern Geist befreit, ohne uns die Herrschaft über uns selbst zu geben, ist verderblich.» Ein andrer seiner Sprüche ist dieser: «*Pflicht,* wo man liebt, was man sich selbst befiehlt.» Das Reich des einseitig wirkenden Übersinnlichen – bei Schiller des einseitigen Vernunfttriebes – ist das der Lilie; das Reich der einseitig wirkenden Sinnlichkeit – des sinnlichen Triebes bei Schiller – ist dasjenige, in dem die Schlange vor ihrer Opferung lebt. – Der Fährmann kann jeden herüber in dies letztere Reich, niemand hinüber in das andere bringen. Die Menschen stammen alle, ohne dazu selbst etwas zu tun, aus dem Übersinnlichen. Aber sie können eine freie – von keiner «Zeit», das ist von keinem nur unwillkürlich hervorgerufenen Seelenzustand abhängige – Verbindung mit diesem Übersinnlichen nur herstellen, wenn sie sich über die Brücke der geopferten Lebenserfahrung begeben wollen. Vorher gibt es zwei unwillkürlich eintretende Seelenzustände, durch die der Mensch ins übersinnliche Reich gelangen kann, das *eins* ist mit dem Reiche der freien Persönlichkeit. Der eine Seelenzustand ist derjenige durch die schöpferische Phantasie, die ein Abglanz des übersinnlichen Erlebens ist. In der Kunst verbindet der Mensch das Sinnliche mit dem Übersinnlichen. In der Kunst auch offenbart er sich als frei schaffende Seele. Das ist verbildlicht in dem Übergang, den die Schlange, die noch nicht zum übersinnlichen Erleben bereite Lebenserfahrung, zur Mittagszeit ermöglicht. – Der andere Seelenzustand tritt ein, wenn der Bewußtseinszustand der Menschenseele – des Riesen im Menschen, der ein Ebenbild des Makrokosmos ist – herabgedämpft ist, wenn die bewußte Erkenntnis sich verdunkelt und ablähmt, so daß sie sich als Aberglaube, Vision, Mediumismus auslebt. Die Seelenkraft, die sich auf diese Art bei gelähmtem Bewußtsein darlebt, ist für Goethe einerlei mit derjenigen, welche durch Gewalt und Willkür, auf revolutionäre Art, den Menschen in den Zustand der Freiheit führen möchte. In Revolutionen lebt sich der Drang nach einem Idealzustande dumpf aus, wie sich in der Dämmerung der Schatten des Riesen über den Fluß legt. Daß auch *diese* Ansicht über den «Riesen» berechtigt ist, dafür spricht, was Schiller am 16. Oktober 1795 an Goethe schreibt, der sich auf einer Reise befindet, die sich bis nach Frankfurt am Main ausdehnen sollte: «Es ist mir in der Tat lieb, Sie noch ferne von den Händeln am Main zu wissen. Der Schatten des Riesen könnte Sie leicht etwas unsanft anfassen.» Was die Willkür, der ungezügelte Verlauf geschichtlicher Ereignisse, im Gefolge hat, ist neben dem herabgedämmerten menschlichen Bewußtseinszustand im Riesen und seinem Schatten verbildlicht. Die Seelenimpulse, die zu solchen Ereignissen führen, sind ja in der Tat mit der Neigung zum Aberglauben und zur träumerischen Ideologie verwandt.

Die Lampe des Alten hat die Eigenschaft, nur da zu leuchten, wo schon ein anderes Licht vorhanden ist. Man muß dabei an den von Goethe wiederholten Spruch eines alten Mystikers denken: «Wär' nicht das Auge sonnenhaft, die Sonne könnt' es nie erblicken; läg nicht in uns des Gottes eigne Kraft, wie könnt' uns Göttliches entzücken.» So wie die Lampe im Dunklen nicht leuchtet, so leuchtet das Licht der Weisheit, der Erkenntnis, dem Menschen nicht, der ihm nicht die geeigneten Organe, das innere Licht, entgegenbringt. Noch deutlicher aber wird, was die Lampe ist, wenn man beachtet, daß sie in ihrer Art wohl beleuchten kann, was die Schlange als Entschluß in sich ausreift, daß sie aber die Geneigtheit der Schlange zu diesem Entschlusse erst erfahren muß. Es gibt eine menschliche Erkenntnis, die jederzeit auf das höchste Streben des Menschen geht. Sie hat sich im Laufe des geschichtlichen Lebens der Menschheit aus dem inneren Erleben der Seelen erhoben. Aber, worauf sie deutet, das Ziel des menschlichen Strebens: es kann nur in seiner konkreten Wirklichkeit aus der sich opfernden Lebenserfahrung gewonnen werden. Was den Menschen die Betrachtung der geschichtlichen Vergangenheit lehrt, was ihm mystisches, was religiöses Erleben über seinen Zusammenhang mit dem Übersinnlichen zu sagen vermögen: alles dieses kann seine letzte Verwirklichung nur durch die Opferung der Lebenserfahrung finden. Der Alte kann mit seiner Lampe alles so verwandeln, daß es in neuer, dem Leben dienlicher Form erscheint; aber die wirkliche Entwicklung ist von dem Ausreifen der Lebenserfahrung abhängig.

Der Alte hat zur Frau die Persönlichkeit, welche dem Flusse mit ihrem Leibe haftet für dasjenige, was sie ihm schuldig geworden ist. Diese Frau verkörpert ebenso die menschliche Wahrnehmungs- und Vorstellungskraft wie die geschichtliche Erinnerung der Menschheit an ihre Vergangenheit. Sie ist dem Alten beigesellt. Mit ihrer Hilfe hat er das Licht, das beleuchten kann, was durch äußere Wirklichkeit schon hell ist. Aber die Vorstellungs- und die Erinnerungskraft sind nicht in Lebenseinheit verbunden mit den konkret wirklichen Kräften, die in der Entwicklung des Einzelmenschen und im geschichtlichen Leben der Menschheit tätig sind. Vorstellungs- und Erinnerungskraft haften am Vergangenen; sie konservieren das Vergangene, so daß es zum Forderer an das Entstehende und Werdende wird. In den Verhältnissen, in denen als dem durch die Erinnerung Festgehaltenen der Mensch und die Menschheit leben, ist der Niederschlag dieser Seelenkraft enthalten. Im dritten der ästhetischen Briefe schreibt Schiller über diesen Niederschlag: «Der Zwang der Bedürfnisse warf ihn (den Menschen) hinein, ehe er in seiner Freiheit diesen Stand wählen konnte; die Not richtete denselben nach bloßen Naturgesetzen ein, ehe er es nach Vernunftgesetzen konnte.» Der Fluß trennt die beiden Reiche, das der Freiheit im Übersinnlichen, das der Notwendigkeit im Sinnlichen. Die unbewußten Seelenkräfte – der Fährmann – stellen den Menschen, der im Übersinnlichen seinen Ursprung hat, in das Sinnliche hinein. Er findet sich da zunächst in einem Bereich, in dem Vorstellungs- und Erinnerungskraft Verhältnisse geschaffen haben, mit denen er leben muß. Aber sie trennen ihn von dem Übersinnlichen; er befindet sich ihnen gegenüber in der Lage eines Schuldners, wenn er an die Kraft heranzutreten genötigt ist (den Fährmann), die ihn auf ihm unbewußte Art aus dem Übersinnlichen in das Sinn-

liche gebracht hat. Er kann die Gewalt, welche die Verhältnisse auf ihn ausüben und die in einer Hinwegnahme
seiner Freiheit sich offenbart, nur brechen, wenn er mit
«Früchten der Erde», das ist mit selbstgeschaffener Lebensweisheit, von der ihm durch die Verhältnisse auferlegten
Schuld, dem Zwang, sich befreit. Kann er das nicht, so
nehmen ihm diese Verhältnisse – das Wasser des Flusses –
die Eigenwesenheit. Er schwindet in seinem Seelen-Selbst
dahin.

Auf dem Flusse wird der Tempel errichtet, in dem sich
die Vermählung des Jünglings mit der Lilie vollzieht. In der
Menschenseele, in welcher die Kräfte sich in eine gegenüber
dem gewöhnlichen Zustande umgewandelte Ordnung gebracht haben, ist die Vermählung mit dem Übersinnlichen,
die Verwirklichung der freien Persönlichkeit möglich. Was
die Seele als Lebenserfahrung vorher gewonnen hat, ist so
weit gereift, daß die Kraft, die auf diese Lebenserfahrung
gerichtet ist, sich nicht mehr in der bloßen Einordnung des
Menschen in die Sinneswelt erschöpft, sondern sich zum
Inhalte desjenigen macht, was aus dem Bereich des Übersinnlichen in das Menschen-Innere strömen kann, so daß
das Wirken im Sinnlichen der Vollzieher von übersinnlichen
Antrieben wird. – In dieser Seelenverfassung gewinnen auch
diejenigen menschlichen Geisteskräfte, die vorher in irren
oder einseitigen Bahnen liefen, ihre im Gesamtgemüt neue,
einem erhöhten Bewußtseinszustand angemessene Bedeutung. Die von der Sinneswelt sich loslösende, in Aberglauben oder tumultuarisches Denken verirrte Weisheit der Irrlichter zum Beispiel dient dazu, das Tor aufzuschließen jenes
Schlosses, das den Seelenzustand verbildlicht, in dem Wollen, Fühlen und Erkennen noch durch ihre chaotische Mi-

schung den Menschen in einem unfreien, vom Übersinnlichen getrennten Innenleben erhalten.

In den Märchenbildern der hier betrachteten Dichtung trat Goethe die Entwicklung der Menschenseele vor das Geistesauge von der Verfassung an, in der sie dem Übersinnlichen gegenüber sich fremd fühlt, bis zu derjenigen Bewußtseinshöhe, auf welcher das in der sinnlichen Welt vollbrachte Leben sich mit der übersinnlichen Geistwelt durchdringt, so daß beide *eins* werden. Dieser Umwandelungsprozeß stand Goethe in leichtgewobenen Phantasiegestalten vor der Seele. Die Frage nach der Beziehung der physischen Welt zu einem von dem physischen Erleben freien Erfahren eines übersinnlichen Reiches mit ihrer Folge für das menschliche Gemeinschaftsleben, welche die «Unterhaltungen deutscher Ausgewanderten» durchleuchtet: hier in dem Märchenabschluß findet sie eine umfassende Lösung in dem Weben dichterisch gestalteter Bilder. In diesen Ausführungen ist nur gewissermaßen der Weg angedeutet, der in den Bereich führt, in dem Goethes Phantasie das «Märchen» gewoben hat. Alle übrigen Einzelheiten sind bis ins letzte von demjenigen in ihrer Lebendigkeit zu erfühlen, der das «Märchen» als ein Gemälde des menschlichen Seelenlebens in dessen Streben nach dem Übersinnlichen ansieht. Daß es ein solches Gemälde des Seelenlebens ist, hat Schiller von dem «Märchen» wohl empfunden. Er schreibt darüber: «Das Märchen ist bunt und lustig genug, und ich finde die Idee, deren Sie einmal erwähnten, das gegenseitige Hilfeleisten der Kräfte und das Zurückweisen auf einander, recht artig ausgeführt.» Denn selbst, wenn jemand einwenden wollte: dieses gegenseitige Hilfeleisten der Kräfte beziehe sich auf Kräfte *verschiedener* Menschen, so gilt dagegen die Goethe durchaus geläufige Wahrheit, daß die Seelenkräfte, die einseitig auf verschiedene Menschenwesen verteilt sind, doch nichts anderes sind als die auseinandergelegte Wesenheit des menschlichen Gesamtgemütes. Und wenn im Gemeinschaftsleben verschiedene Menschennaturen zusammenwirken, so ist in dieser Wechselwirkung doch nur ein Bild der mannigfaltigen Kräfte gegeben, die in ihrer gegenseitigen Beziehung das eine individuelle menschliche Gesamtwesen ausmachen.

HINWEISE DES HERAUSGEBERS

*

NAMENREGISTER

*

LITERATURHINWEIS

*

RUDOLF STEINER GESAMTAUSGABE

Frühere Teilausgaben: Teil I, erschienen bei F. Grunert, Berlin 1902, und im Verlag der «Theosophischen Bibliothek», Berlin 1902. Teil III in ursprünglicher Fassung unter dem Titel «Goethes geheime Offenbarung. Zu seinem 150. Geburtstag (28. August 1899)», Magazin für Literatur Nr. 34, Berlin 26. August 1899; erschien auch als Sonderdruck, Berlin 1899; in dieser Fassung wiedergedruckt in Rudolf Steiner «Methodische Grundlagen der Anthroposophie», Gesammelte Aufsätze 1884–1901, GA 30, S. 86–99.

Werke Rudolf Steiners, welche innerhalb der Gesamtausgabe (GA) erschienen sind, werden in den Hinweisen mit Bibliographie-Nr. angegeben. Siehe auch die Übersicht am Schluß des Bandes.

Zu Seite:

10   *Einmal wurde er gefragt, ob denn der Abschluß seines Faust...:* Aufgezeichnet nach einem Gespräch, das der Schriftsteller Friedrich Förster vmtl. im Jahre 1828 mit Goethe geführt hatte. Siehe «Goethes Gespräche», auf Grund der Ausgabe und des Nachlasses von Flodoard Freiherrn von Biedermann ergänzt und herausgegeben von Wolfgang Herwig, Bd. III / 2, Zürich 1972, S. 295 (Gespräch Nr. 6187).
Vgl. auch den Aphorismus: «Jedem Alter des Menschen antwortet eine gewisse Philosophie. [...] Der Greis jedoch wird sich immer zum Mystizismus bekennen; er sieht, daß so vieles vom Zufall abzuhängen scheint; das Unvernünftige gelingt, das Vernünftige schlägt fehl, Glück und Unglück stellen sich unerwartet ins Gleiche; so ist es, so war es, und das hohe Alter beruhigt sich in dem, der da ist, der da war und der da sein wird.» Goethe, «Sprüche in Prosa» in «Naturwissenschaftliche Schriften», herausgegeben und kommentiert von Rudolf Steiner in Kürschners «Deutsche National-Litteratur», 5 Bde. (1883–97), Nachdruck Dornach 1975, GA 1a-e, Bd. V, GA 1e. S. 454 f. Auch in Goethe, «Maximen und Reflexionen».

11   *der bedeutende Ästhetiker Vischer:* Friedrich Theodor Vischer, 1807–1887, «Goethes Faust, Neue Beiträge zur Kritik des Gedichts», Stuttgart 1875, S. 110 / 111: «...dieser zweite Teil des Faust nimmt da und dort bedeutende poetische Anläufe, läßt da und dort den echten Geist Goethes durchblicken, ist aber im Ganzen eine Reihe lederner, abstruser Allegorien und verläuft nicht nur durch sie, sondern namentlich auch durch seine senilen Sprachschnörkel auf Schritt und Tritt ins Absurde.»

Siehe auch Vischers Parodie «Faust. Der Tragödie Dritter Theil. Treu im Geiste des zweiten Theils des Götheschen Faust gedichtet von Deutobold Symbolizetti Allegoriowitsch Mystifizinsky», Stuttgart 1892.

14   *Der Gott, der mit der Natur in unmittelbarer Verbindung stehe…»:* Goethe «Dichtung und Wahrheit», Erster Teil, Erstes Buch. Weimarer Ausgabe Band 26, S. 63 ff.

14 f.   *ob ihm «durch Geistes Kraft und Mund…»:* Faust I, Nacht, Vers 378 f.

15   *In Lebensfluten…:* Faust I, Nacht, Verse 501–509.

15 f.   *Prosahymnus «Die Natur»:* Die Natur. Aphoristisch. Goethes Naturwissenschaftliche Schriften (siehe Hinweis zu S. 10), Bd. II, GA 1 b, S. 5–9. – Vgl. Rudolf Steiner «Zu dem ‹Fragment› über die Natur» (1892); wieder abgedruckt in: «Methodische Grundlagen der Anthroposophie». Gesammelte Aufsätze 1884–1901, GA 30, S. 320–327.

17 f.   *Erhabner Geist…:* Faust I, Wald und Höhle, Verse 3217–3234.

18   *Adalbert Rudolf,* «Abgerissene Bemerkungen zu Goethes Faust», Archiv für neuere Sprachen, LXX, 1883, S. 473.

      Karl Julius Schröer druckt in seiner Faust-Ausgabe im Text «Ereigniß» und erwähnt im Kommentar Ad. Rudolfs Vermutung der Lesart «Erreichnis». Siehe «Faust von Goethe. Mit Einleitung und fortlaufender Erklärung herausgegeben von K. J. Schröer», 2 Bde., Zweite, durchaus revidierte Auflage, Heilbronn 1888. Siehe auch Hinweis zu S. 55.

      Handschrift Goethes mit der Schreibweise Ereignis aus der Goethe-Sammlung von A. Kippenberg: Jetzt aufbewahrt im Goethe-Museum Düsseldorf. Die Handschrift ist auch faksimiliert wiedergegeben im Beitrag von Manfred Schradi «Ereignis oder Erreichnis?» in «Mitteilungen aus der Anthroposophischen Arbeit in Deutschland», 24. Jg., H. 3, Nr. 93, Michaeli 1970, S. 208. Vgl. auch Ulrich Landeck, «Der fünfte Akt von Goethes Faust II», Kommentierte kritische Ausgabe, Zürich, München 1981.

19 f.   *Formlos breit und aufgetürmt:* Faust II, Vierter Akt, Hochgebirg, Verse 10052–10066.

20   *Wenn du befreit vom Leibe zum freien Äther emporsteigst,…:* Zitiert nach Vincenz Knauer «Die Hauptprobleme der Philosophie», Wien und Leipzig 1892, S. 97. Knauer führt dieses Zitat als einen Spruch von Heraklit an; in dessen überlieferten Fragmenten ist er jedoch nicht enthalten.

21   *Und so lang du das nicht hast...:* Goethe, «West-östlicher Divan», Gedicht «Selige Sehnsucht», Schlußzeilen.

        Man muß seine Existenz aufgeben...: Goethe, «Sprüche in Prosa», in «Naturwissenschaftliche Schriften» (siehe Hinweis zu S. 10), S. 441, wörtlich: «Unser ganzes Kunststück besteht darin, daß wir unsere Existenz aufgeben, um zu existieren.»

        Heraklit (um 540–480 v. Chr.), vorsokratischer Philosoph aus Ephesus. Siehe Rudolf Steiner «Die Rätsel der Philosophie», GA 18, S. 54–56; und «Das Christentum als mystische Tatsache und die Mysterien des Altertums», GA 8, S. 38–45.

        Dieser spricht über den Dionysosdienst der Griechen: Die Fragmente der Vorsokratiker, hg. von H. Diels; Heraklit, Fragment Nr. 15.

        Und so ist denn der Tod die Wurzel alles Lebens: Vgl. Jacob Böhme «Sex Puncta theosophica oder von sechs theosophischen Punkten hohe und tiefe Gründung», Erster Punkt, 1. Cap., 73: «Also ist der grimme Tod eine Wurzel des Lebens.»

        «Die Menge der Zuschauer» mag ihre «Freude...»: Goethe zu Eckermann am 25. Januar 1827.

22   *Ich Ebenbild der Gottheit...:* Faust I, Nacht, Verse 614–621.

        «Alles das, wessen diese Welt...»: Jacob Böhme, «De natura rerum», 16. Kap., 20.

23   *«Chorus mysticus»:* Faust II, Fünfter Akt, Bergschluchten, Verse 12104–12111.

        Die ihr dies Haupt umschwebt...: Faust II, Erster Akt, Anmutige Gegend, Verse 4621–4633.

23f.   *Des Lebens Pulse...:* Faust II, Erster Akt, Anmutige Gegend, Verse 4679–4685.

24   *Die Geisterwelt ist nicht verschlossen...:* Faust I, Nacht, Verse 443–446.

        Horchet! horcht dem Sturm der Horen...: Faust II, Erster Akt, Anmutige Gegend, Verse 4666–4668.

25   *Du wähnst, es füge sich sogleich...:* Faust II, Erster Akt, Finstere Galerie, Verse 6193–6195.

28   *Nichts wirst du sehn...:* Faust II, Erster Akt, Finstere Galerie, Verse 6246–6248.

        Du sendest mich ins Leere...: Faust II, Erster Akt, Finstere Galerie, Verse 6251–6256.

28 *«Ich kann Ihnen weiter nichts verraten»…:* Goethe zu Eckermann am 10. Januar 1830. Siehe Plutarchs «Vergleichende Lebensbeschreibungen» Marcellus, Kap. 20.

31 *Ich schwebe so von Stell' zu Stelle…:* Faust II, Zweiter Akt, Klassische Walpurgisnacht, Verse 7830–7841.
Es fragt um Rat…: Faust II, Zweiter Akt, Klassische Walpurgisnacht, Verse 8246–8252.

31f. *Doch gilt es hier nicht viel besinnen…:* Faust II, Zweiter Akt, Klassische Walpurgisnacht, Verse 8259–8264.

32 *Gib nach dem löblichen Verlangen…:* Faust II, Zweiter Akt, Klassische Walpurgisnacht, Verse 8321–8326.

Welch feuriges Wunder verklärt uns die Wellen…: Faust II, Zweiter Akt, Klassische Walpurgisnacht, Verse 8474–8479.

33 *Komm geistig mit in feuchte Weite…:* Faust II, Zweiter Akt, Klassische Walpurgisnacht, Verse 8327–8332.

34 *Er hat in der Kunst, in der Poesie «eine Manifestation…»:* «Sprüche in Prosa» in «Naturwissenschaftliche Schriften» (siehe Hinweis zu S. 10), S. 494, wörtlich: «Das Schöne ist eine Manifestation geheimer Naturgesetze, die uns ohne dessen Erscheinung ewig wären verborgen geblieben.»

35 *Lass mich im düstern Reich…:* Faust II, Dritter Akt, Schattiger Hain, Verse 9905 f.

36 *Verdammtes Läuten…:* Faust II, Fünfter Akt, Palast, Verse 11151–11162.

37 *Ihr Schwestern, ihr könnt nicht und dürft nicht hinein…:* Faust II, Fünfter Akt, Mitternacht, Verse 11390 f.

38 *Noch hab' ich mich…:* Faust II, Fünfter Akt, Mitternacht, Verse 11403–11407.

Würde mich kein Ohr vernehmen…: Faust II, Fünfter Akt, Mitternacht, Verse 11424–11427.

Der Erdenkreis ist mir genug bekannt…: Faust II, Fünfter Akt, Mitternacht, Verse 11441–11447.

39 *Soll er gehen? Soll er kommen?:* Faust II, Fünfter Akt, Mitternacht, Verse 11471–11474 und 11481–11486.

Doch deine Macht, o Sorge…: Faust II, Fünfter Akt, Mitternacht, Verse 11493 f.

39   *Die Nacht scheint tiefer tief hereinzudringen...:* Faust II, Fünfter Akt, Mitternacht, Verse 11499f.

40   *Gerettet ist das edle Glied...:* Faust II, Fünfter Akt, Bergschluchten, Verse 11934–11941.

     Und rings ist alles vom Feuer umronnen...: Faust II, Zweiter Akt, Klassische Walpurgisnacht, Verse 8478f.

40f. *«Übrigens werden Sie zugeben, daß der Schluß...»:* Goethe zu Ekkermann am 6. Juni 1831.

41   *Höchste Herrscherin der Welt...:* Faust II, Fünfter Akt, Bergschluchten, Verse 11997–12000.

41f. *Das Unzulängliche...:* Faust II, Fünfter Akt, Bergschluchten, Verse 12106–12111.

45   *Wie alles sich zum Ganzen webt...:* Faust I, Nacht, Verse 447–453.

47   *Welch Schauspiel!...:* Faust I, Nacht, Vers 454.

48   *Du gleichst dem Geist...:* Faust I, Nacht, Verse 512f.

     «Nicht dir? Wem denn?»: Faust I, Nacht, Verse 514f.

49   *«Wie nur dem Kopf nicht alle Hoffnung schwindet...»:* Faust I, Nacht, Verse 602ff.

50   *Was Goethe das «Geistesauge» nennt:* Siehe «Erster Entwurf einer allgemeinen Einleitung in die vergleichende Anatomie» in «Naturwissenschaftliche Schriften» (siehe Hinweis zu S. 10), Bd. I, GA 1a, S. 262: «Wir lernen mit Augen des Geistes sehen, ohne die wir, wie überall, so besonders auch in der Naturforschung, blind umhertasten.» Anmerkung von Rudolf Steiner: «In diesen Worten liegt der Schlüssel zum Verständnis der Goetheschen Naturauffassung. Mit den Augen des Geistes sehen ist nichts anderes, als die tierische Gestalt nicht bloß in ihrer sinnenfälligen Realität, sondern in der ihr zu Grunde liegenden Idee zu sehen und die Idee in ihrer eigenen Form (intuitiv) erfassen können. Jede empirische Form zeigt dann eine Abweichung davon, aber jene gibt uns die Norm und den Anhaltspunkt, wie eine solche besondere Form zu erklären ist.» Vgl. ferner Goethes Aufsatz «Wenige Bemerkungen» (zu Kaspar Friedrich Wolff), ebenda S. 107: «Wie vortrefflich diese Methode auch sei, durch die er [K. F. Wolff] so viel geleistet hat, so dachte der treffliche Mann doch nicht, daß es ein Unterschied sei zwischen sehen und sehen, daß die Geistesaugen mit den Augen des Leibes in stetem lebendigen Bunde zu wirken haben, weil man sonst in Gefahr gerät, zu sehen und doch vorbeizusehen.» Anmerkung von Rudolf Steiner: «Diese Worte beweisen wieder, wie viel tiefer Goethes Anschauungen sind als der

bloße Empirismus. Während dieser nichts anerkennt, als was man mit den Sinnen wahrnimmt, wollte Goethe vor allem, daß mit den Augen des Geistes gesehen werde, das heißt, daß die nicht durch den Sinn gegebene, nur für den Geist bestehende Gesetzlichkeit, welche die sinnenfällig-wirklichen Tatsachen beherrscht, zum Ziele der Forschung gemacht werde.»

52   *Ich möcht' mich gleich dem Teufel übergeben...:* Faust I, Spaziergang, Verse 2809 f.

55   *Karl Julius Schröer*, «Faust von Goethe. Mit Einleitung und fortlaufender Erklärung herausgegeben von K. J. Schröer», 2 Bde., Heilbronn 1881, Bd. 2, S. XXIII; Zweite, durchaus revidirte Auflage, Heilbronn 1886/1888, Bd. 2, S. XXX; Dritte, durchaus revidirte Auflage, Leipzig 1892/1896, Bd. 2, S. XXX.

56   *Jakob Minor*, «Goethes Faust. Entstehungsgeschichte und Erklärung», 2 Bde., Stuttgart 1901.

57   *Von allen Geistern, die verneinen...:* Faust I, Prolog im Himmel, Verse 338 f.

58   *Am meisten lieb' ich...:* Faust I, Prolog im Himmel, Verse 320 f.

59   *«Wenn durch die Phantasie nicht Dinge entstünden...»:* Goethe zu Eckermann am 5. Juli 1827.

      Karl Julius Schröer: Siehe Hinweis zu S. 55. Das angeführte Zitat in der ersten Auflage Bd. 2, S. LXXXIV; in der zweiten Auflage Bd. 2., S. XCIV; in der dritten Auflage Bd. 2, S. XCIV.

61   *Welch Schauspiel...:* Faust I, Nacht, Vers 454.

66   *«Wenn wir jemand mit Leidenschaft umfassen...»:* Vierzehnter Brief.

68   *Vortrag..., den ich am 27. November 1891 im Wiener Goetheverein gehalten habe:* «Über das Geheimnis in Goethes Rätselmärchen in den ‹Unterhaltungen deutscher Ausgewanderten›», Bericht in der «Chronik des Wiener Goethe-Vereins», 6. Jg., Nr. 12. Wiederabgedruckt in «Beiträge zur Rudolf Steiner Gesamtausgabe», Nr. 99/100, Dornach Ostern 1988, S. 4 f.

78   *«Alles, was unseren Geist befreit, ohne uns die Herrschaft...»:* Sprüche in Prosa in «Naturwissenschaftliche Schriften» (siehe Hinweis zu S. 10), S. 465.

      «Pflicht, wo man liebt, was man sich selbst befiehlt.»: Ebenda S. 460.

80   *«Wär' nicht das Auge sonnenhaft…»:* Entwurf einer Farbenlehre. Einleitung. Ebenda Band III, GA 1 c, S. 88. Mit kleinen Unterschieden auch in «Zahme Xenien» III.

83   *«Das Märchen ist bunt und lustig genug…»:* Schillers Brief vom 29. August 1795.

NAMENREGISTER

LITERATURHINWEIS

(GA = Rudolf Steiner Gesamtausgabe, tb = Taschenbücher aus dem Gesamtwerk)

Zur Weiterführung und Vertiefung der Darstellungen des vorliegenden Bandes sei auf folgende Ausgaben von Rudolf Steiner verwiesen:

Schriften

Johann Wolfgang Goethe, «Naturwissenschaftliche Schriften», herausgegeben, eingeleitet und kommentiert von Rudolf Steiner in Kürschners «Deutsche National-Litteratur», 5 Bde., (1883–97), Nachdruck Dornach 1975, GA 1 a–e. Auch als broschierte Sonderausgabe in Kassette, Dornach 1982.

«Einleitungen zu Goethes Naturwissenschaftlichen Schriften. Zugleich eine Grundlegung der Geisteswissenschaft (Anthroposophie)», (1883–97), GA 1, tb 649.

«Grundlinien einer Erkenntnistheorie der Goetheschen Weltanschauung, mit besonderer Rücksicht auf Schiller», (1886), GA 2, tb 629.

«Goethes Weltanschauung» (1897), GA 6, tb 625.

«Goethe-Studien», Schriften und Aufsätze 1884–1901, tb 634.

«Goethe als Vater einer neuen Ästhetik» (1889), Ein Aufsatz, Einzelausgabe.

Vorträge

«Goethes geheime Offenbarung in seinem ‹Märchen von der grünen Schlange und der schönen Lilie›», Gesammelte Vorträge aus den Jahren 1904–1909, mit einem einleitenden Aufsatz aus dem Jahre 1918, Sonderausgabe 1982.

«Geisteswissenschaftliche Erläuterungen zu Goethes ‹Faust›», Band I: «Faust, der strebende Mensch», Vierzehn Vorträge 1910–16, GA 272; Band II: «Das Faust-Problem. Die romantische und die klassische Walpurgisnacht», Zwölf Vorträge 1916–19, GA 273.

«Beiträge zur Rudolf Steiner Gesamtausgabe»

«Zum Goethejahr», Nr. 77, Sommer 1982

«Goethes Evangelium. Die okkulte Grundlage in Goethes Schaffen erläutert an ‹Faust› und ‹Die Geheimnisse›», Nr. 92, Johanni 1986

RUDOLF STEINER GESAMTAUSGABE

Gliederung nach: Rudolf Steiner – Das literarische
und künstlerische Werk. Eine bibliographische Übersicht
(Bibliographie-Nrn. *kursiv* in Klammern)

A. SCHRIFTEN

I. Werke

Goethes Naturwissenschaftliche Schriften, eingeleitet und kommentiert von
R. Steiner, 5 Bände, 1884 – 97, Neuausgabe 1975 *(1a-e)*; separate Ausgabe
der Einleitungen, 1925 *(1)*

Grundlinien einer Erkenntnistheorie der Goetheschen Weltanschauung,
1886 *(2)*

Wahrheit und Wissenschaft. Vorspiel einer «Philosophie der Freiheit», (1892) *(3)*

Die Philosophie der Freiheit. Grundzüge einer modernen Weltanschauung,
1894 *(4)*

Friedrich Nietzsche, ein Kämpfer gegen seine Zeit, 1895 *(5)*

Goethes Weltanschauung, 1897 *(6)*

Die Mystik im Aufgange des neuzeitlichen Geisteslebens und ihr Verhältnis
zur modernen Weltanschauung, 1901 *(7)*

Das Christentum als mystische Tatsache und die Mysterien des Altertums,
1902 *(8)*

Theosophie. Einführung in übersinnliche Welterkenntnis und Menschenbe-
stimmung, 1904 *(9)*

Wie erlangt man Erkenntnisse der höheren Welten? 1904/05 *(10)*

Aus der Akasha-Chronik, 1904 – 08 *(11)*

Die Stufen der höheren Erkenntnis, 1905 – 08 *(12)*

Die Geheimwissenschaft im Umriß, 1910 *(13)*

Vier Mysteriendramen: Die Pforte der Einweihung – Die Prüfung der Seele –
Der Hüter der Schwelle – Der Seelen Erwachen, 1910 – 13 *(14)*

Die geistige Führung des Menschen und der Menschheit, 1911 *(15)*

Anthroposophischer Seelenkalender, 1912 *(in 40)*

Ein Weg zur Selbsterkenntnis des Menschen, 1912 *(16)*

Die Schwelle der geistigen Welt, 1913 *(17)*

Die Rätsel der Philosophie in ihrer Geschichte als Umriß dargestellt, 1914 *(18)*

Vom Menschenrätsel, 1916 *(20)*

Von Seelenrätseln, 1917 *(21)*

Goethes Geistesart in ihrer Offenbarung durch seinen Faust und durch das
Märchen von der Schlange und der Lilie, 1918 *(22)*

Die Kernpunkte der sozialen Frage in den Lebensnotwendigkeiten der Gegenwart und Zukunft, 1919 *(23)*

Aufsätze über die Dreigliederung des sozialen Organismus und zur Zeitlage
1915 – 1921 *(24)*

Kosmologie, Religion und Philosophie, 1922 *(25)*

Anthroposophische Leitsätze, 1924/25 *(26)*

Grundlegendes für eine Erweiterung der Heilkunst nach geisteswissenschaft-
lichen Erkenntnissen, 1925. Von Dr. R. Steiner und Dr. I. Wegman *(27)*

Mein Lebensgang, 1923 – 25 *(28)*

II. Gesammelte Aufsätze

Aufsätze zur Dramaturgie 1889–1901 *(29)* – Methodische Grundlagen der Anthroposophie 1884–1901 *(30)* – Aufsätze zur Kultur- und Zeitgeschichte 1887–1901 *(31)* – Aufsätze zur Literatur 1886–1902 *(32)* – Biographien und biographische Skizzen 1894–1905 *(33)* – Aufsätze aus «Lucifer-Gnosis» 1903–1908 *(34)* – Philosophie und Anthroposophie 1904–1918 *(35)* – Aufsätze aus «Das Goetheanum» 1921–1925 *(36)*

III. Veröffentlichungen aus dem Nachlaß

Briefe – Wahrspruchworte – Bühnenbearbeitungen – Entwürfe zu den vier Mysteriendramen 1910–1913 – Anthroposophie. Ein Fragment aus dem Jahre 1910 – Gesammelte Skizzen und Fragmente – Aus Notizbüchern und -blättern – *(38-47)*

B. DAS VORTRAGSWERK

I. Öffentliche Vorträge

Die Berliner öffentlichen Vortragsreihen, 1903/04 bis 1917/18 *(51-67)* – Öffentliche Vorträge, Vortragsreihen und Hochschulkurse an anderen Orten Europas 1906–1924 *(68-84)*

II. Vorträge vor Mitgliedern der Anthroposophischen Gesellschaft

Vorträge und Vortragszyklen allgemein-anthroposophischen Inhalts – Christologie und Evangelien-Betrachtungen – Geisteswissenschaftliche Menschenkunde – Kosmische und menschliche Geschichte – Die geistigen Hintergründe der sozialen Frage – Der Mensch in seinem Zusammenhang mit dem Kosmos – Karma-Betrachtungen – *(91-244)*
Vorträge und Schriften zur Geschichte der anthroposophischen Bewegung und der Anthroposophischen Gesellschaft *(251-263)*

III. Vorträge und Kurse zu einzelnen Lebensgebieten

Vorträge über Kunst: Allgemein-Künstlerisches – Eurythmie – Sprachgestaltung und Dramatische Kunst – Musik – Bildende Künste – Kunstgeschichte *(271-292)* – Vorträge über Erziehung *(293-311)* – Vorträge über Medizin *(312-319)* – Vorträge über Naturwissenschaft *(320-327)* – Vorträge über das soziale Leben und die Dreigliederung des sozialen Organismus *(328-341)* – Vorträge für die Arbeiter am Goetheanumbau *(347-354)*

C. DAS KÜNSTLERISCHE WERK

Originalgetreue Wiedergaben von malerischen und graphischen Entwürfen und Skizzen Rudolf Steiners in Kunstmappen oder als Einzelblätter: Entwürfe für die Malerei des Ersten Goetheanum – Schulungsskizzen für Maler – Programmbilder für Eurythmie-Aufführungen – Eurythmieformen – Entwürfe zu den Eurythmiefiguren, u. a.

*Die Bände der Rudolf Steiner Gesamtausgabe
sind innerhalb einzelner Gruppen einheitlich ausgestattet.
Jeder Band ist einzeln erhältlich.*